CW00496800

Carl Sternheim

Die Kassette

Komödie in fünf Aufzügen

Carl Sternheim: Die Kassette. Komödie in fünf Aufzügen

Erstdruck: Leipzig, Insel-Verlag, 1912. Uraufführung München, 1912.

Neuausgabe
Herausgegeben von Karl-Maria Guth
Berlin 2019

Der Text dieser Ausgabe wurde behutsam an die neue deutsche
Rechtschreibung angepasst.

Umschlaggestaltung von Thomas Schultz-Overhage unter Verwendung
des Bildes: Ernst Ludwig Kirchner, Porträt von Carl Sternheim, 1916

Gesetzt aus der Minion Pro, 11 pt

Die Sammlung Hofenberg erscheint im
Verlag der Contumax GmbH & Co. KG, Berlin
Herstellung: BoD – Books on Demand, Norderstedt

ISBN 978-3-7437-3156-1

Bibliografische Information der Deutschen Nationalbibliothek

Die Deutsche Nationalbibliothek verzeichnet diese Publikation in der
Deutschen Nationalbibliografie; detaillierte bibliografische Daten sind
im Internet über www.dnb.de abrufbar.

Personen

Heinrich Krull, Oberlehrer

Fanny Krull, seine zweite Frau

Lydia Krull, seine Tochter aus erster Ehe

Elsbeth Treu

Alfons Seidenschnur, Fotograf

Emma, Dienstmagd bei Krull

Dettmichel, Notar

Die Szene ist fortgesetzt das bürgerliche Wohnzimmer Krulls.

Der erste Aufzug

Erster Auftritt

SEIDENSCHNUR *tritt auf.* Hier noch niemand aufgestanden, Emma?

EMMA. Gerade war es acht, Herr Seidenschnur. Aber sie sind drinnen schon lebendig.

SEIDENSCHNUR. Herr Seidenschnur Schnuck! Wie heißt es? Gib dein Mäulchen. War es schön gestern Abend? Eine ganz charmante Angelegenheit bist du. Die Fotografien bringe ich, sie sind geworden. Was sagst du zu dieser? *Er reicht ihr ein Bild.*

EMMA. Das Fräulein Tante wie es leibt und lebt!

SEIDENSCHNUR. Wäre nur meine gesamte Klientele so leicht zufrieden zu stellen wie du, kleine reizende Person. Heute Abend zur selben Stunde, wenn's gefällt.

EMMA. Aber die Herrschaft kommt von der Hochzeitsreise zurück.

SEIDENSCHNUR. Vormittags, soviel ich weiß. Also wird bis zum Abend die Ruhe wiederhergestellt sein. Das junge Paar war ja kaum acht Tage fort au bord du Rhin. Du lächelst, Holde?

EMMA. Weil Sie sagen: das junge Paar. Er mit seinen siebenundvierzig Jahren.

SEIDENSCHNUR. Dafür misst sie kaum zwanzig.

EMMA. Das ist freilich eine!

SEIDENSCHNUR. Was für eine, was weißt du?

EMMA. Räume ich nicht seit vier Jahren ihre Siebensachen auf? Was die in Schubladen und Kasten hat!

SEIDENSCHNUR. Ei, ei, hat sie?

EMMA. Bänder, Blumen, Parfüm und falsche Haare dazu. Schon als ihre Schwester, Herrn Professors erste Frau, noch lebte. Schwämme einen Korb voll. Drei Waschschüsseln, eine auf Beinen. Und wie sie hinter ihm her war, schon als die erste noch lebte. Da sage ich pfui!

SEIDENSCHNUR. Gut. Und willst die Bilder an das gnädige Fräulein geben?

EMMA. Schon damals wohnte sie Tür an Tür mit ihm wie heute. Schickte sich das für ein junges Mädchen?

SEIDENSCHNUR. Lästerzüngelchen! Auf Wiedersehen heute Abend au clair de lune. Komm in deinem blauen Blüschen.

EMMA. Steht es mir?

SEIDENSCHNUR. Göttlich! Doch davon später. Und die Bilder an Fräulein Treu mit Empfehlungen von Seidenschnur aîné. *Er geht ab.*

Zweiter Auftritt

LYDIA *tritt auf.* War das nicht Seidenschnur? Himmlisch habe ich geträumt. Als ich zu baden in einen See stieg, stand ein Mann singend im Sonnenschein aufrecht darin.

EMMA. Denkst du schon solche Sachen, zieh dich mit siebzehn Jahren auch besser an. Hätte ich einen Bau wie du ...

LYDIA. Ist mein Bau gut?

EMMA. Wie man sich trägt, dafür ist deine Stiefmutter ein Muster.

LYDIA. Mit Kleidern und Krimskrams hat sie Vater umgarnt, ihn bis ins Mark mit Liebe vergiftet, wie Tante sagt. Seine Briefe von der Reise, die von ihr glühen, seien ein Verbrechen an mir. Aber ich verachte solche Kniffe.

EMMA. Schon recht. Himmel, die Girlande muss über die Tür! *Sie steigt mit derselben auf die Leiter.*

LYDIA. Seelengemeinschaft soll die Ehe sein. Aber nicht darf einer den andern mit Haut und Haar fressen, wie Fanny es mit Vater tut. Ich hasse sie, und vor Tante soll sie sich in Acht nehmen.

EMMA. Sitzt es?

Ein rotes Schild mit der Aufschrift: »Herzlich willkommen der jungen Frau« ist sichtbar geworden.

LYDIA. »Herzlich« muss tiefer. – Auf ein Pulverfass kommt sie hier zu sitzen.

EMMA *steigt herab.* Gut macht es sich. War es wohl die Bombe, die die Tante gestern Abend in ein schwarzes Tuch gewickelt heraufschleppte? Einen viertel Zentner wog es, fühlte sich wie ein Kasten an, eine Kassette.

LYDIA. Ehe sie sich wieder zu Tode ärgere, nicht einen Tag warte sie damit. Die Mine flöge auf.

EMMA. Donner!

LYDIA. Bedenke, was Tante mit ihm hingegeben hat. Mutter ließ ihr ja gänzlich freie Hand im Haus. Hätte mein Muttchen geahnt, wie es kommen würde … *Sie bricht in Tränen aus.* Tante hat sie unaufhörlich vor Fanny gewarnt; noch auf dem Sterbebette ließ sie Mutter keine Ruh, hub davon an, wenn es Gott wirklich gefiele sie abzurufen, was denn mit Vater ihr Wille sei.

EMMA. Und?

LYDIA. Mutter lächelte.

EMMA. Grässlich. Bitter?

LYDIA. Lieblich. Milde des Todes schwebte über ihr. Da aber gelobte ich hoch und heilig, im Kampf für meine gute Mutter mit Tante Schulter an Schulter gegen Fanny zu stehn.

EMMA *zeigt ihr die Fotografien.* Und was sagst du zu den Bildern?

LYDIA. Er ist wirklich ein gottbegnadeter Künstler. Habe ich dir überhaupt schon gesagt, der Mann im Wasser sah akkurat aus wie Seidenschnur?

EMMA. Als du nackt standest und er ebenso?

LYDIA. Natürlich sah ich nicht hin.

EMMA. Jetzt schlägt es dreizehn! Man muss die Tante auf deine Träume aufmerksam machen.

LYDIA. Verrätst du mich … *Plötzlich.* Der Wagen! *Sie stürzt ans Fenster.*

EMMA *ihr nach.* Weiß Gott! *Und läuft zur Tür hinaus.*

LYDIA *nach links.* Tante, sie kommen!

Dritter Auftritt

ELISABETH TREUs *Stimme aus ihrem Zimmer.* Soll ich als Ehrenjungfrau am Eingang aufgerichtet stehn? Ist es nicht angemessen, sie kommen mir bis an meine Schwelle entgegen?

LYDIA. Und hier die Bilder von Herrn Seidenschnur.

Vierter Auftritt

Krull und Fanny treten auf.

KRULL. O Ihr Geliebten! Liebste Tochter!

LYDIA *fliegt ihm an den Hals.* Mein Väterchen!

KRULL. Und Tante?

LYDIA *Fanny an den Hals.* Fanny!

EMMA *auf Krull zu.* Herr Professor.

KRULL. Brave Emma. Tante Elsbeth?

EMMA. In ihrem Zimmer, Herr Professor.

KRULL *tritt in Elsbeth Treus Tür.* Tante, Täntchen. *Er verschwindet vollends im Zimmer.* Geliebte Tante Elsbeth.

Krull und Elsbeth treten auf.

ELSBETH. Du bist nicht rasiert.

KRULL. Versteht sich. Stracks aus der Eisenbahn in deine Arme. Sieht Fanny nicht hinreißend aus, ein junges Moosröschen? *Auf Fanny zu.* Meine Puppe!

ELSBETH *steif.* Guten Tag, Fanny.

FANNY *steif.* Guten Tag, Tante Elsbeth.

Sie umarmen sich.

KRULL. Nun aber den Kaffee aus der Röhre, Emma. Alles um den Tisch gruppiert. *Zu Fanny.* Sieh hoch, wie man Frauchen ehrt. Herzlich willkommen ... bravo!

Alles setzt sich.

KRULL. Kinder, ist Gottes Welt schön an Frühlingsmorgen! Vor stolzen Burgen, die auf uns niedergrüßen, auf deutschem Strome gleitet man zu Tal. Germania grüßt und Lurley, bis auf ehernem Ross ...

FANNY. In Koblenz ließen wir uns auf Postkarten fotografieren.

KRULL. Ja Koblenz. Kinder, Koblenz! Wir waren in seligster Laune, ein süffiger Walporzheimer hatte die Sinne angeregt. Hundert Humore schwebten. Nichts, nichts in Gottes prangender Welt geht über einen Morgen am Rhein.

Emma bringt den Kaffee.

KRULL *liest die Kuchenaufschrift.* Friede und Segen den Liebenden.
  Wie feinsinnig! *Zu Fanny.* Meine süße Puppe!
ELSBETH. Mit einem Wort: Ihr habt euch unterhalten, wart zufrieden.
KRULL. Könnte ich euch einen halben Begriff geben.
ELSBETH. Wir haben den ganzen.
LYDIA. Herr Seidenschnur fand das Bild aus Koblenz nicht sehr ge-
  schmackvoll.
KRULL. Ein Kind der Laune will mit Laune angeschaut sein. Uns
  wird es stets ein himmlisches Erinnern vermitteln.
LYDIA. Aber Tante hat sich fotografieren lassen.
ELSBETH. Still!
KRULL. Hast du wahrhaftig deinen alten Widerwillen überwunden?
ELSBETH. Vorerst ein Probebild und noch nichts Rechtes.
LYDIA. Ein vollkommenes Kunstwerk.
FANNY. Zeig uns dein Bild.
LYDIA. Bitte, hol es. Vater wird Augen machen.

Elsbeth geht in ihr Zimmer.

KRULL *zu Lydia.* Und was sagst du zu deinem neuen Mütterchen?
  Ist es nicht schön, von Glorie umgossen?

Elsbeth kommt zurück und gibt das Bild an Krull.

KRULL. Aha!

*Er gibt das Bild an Fanny weiter. Fanny bricht in schallendes
Gelächter aus.*

ELSBETH. Bitte?
FANNY. Aber ganz Lady Macbeth von Schiller!
ELSBETH *reißt ihr das Bild aus den Händen.* Das ist ja ...
FANNY. Wie Blücher bei Caub das Bein auf die Fußbank.
ELSBETH. Geschmacklos.
LYDIA. Herr Seidenschnur ist ein gottbegnadeter Künstler. Euer Bild
  aus Koblenz nannte er einen schimpflichen Kitsch, Schund, der den
  Beruf brandmarke.
KRULL. Eine Laune, die mit Laune aufgenommen sein will.

FANNY *zu Elsbeth.* Zudem gibt man dir auf dem Bilde sechzig Jahre; fünf zu viel.

KRULL. Aber hört doch in Gottes Namen weiter! Von Ehrenbreitstein will ich euch erzählen, wie es gegen den Rhein über erhöht auf Rebenhügeln ...

ELSBETH. Mit all diesen Mätzchen, Lurley und Walporzheimer muss die Reise gehöriges Geld verschlungen haben.

KRULL. Bei Gott! Sollte man sich aber diesen einmaligen Genuss durch sauertöpfische Rechnerei vergällen? Ich habe sogar bei unseren Freunden Susmichel in Andernach ein Darlehen von zweihundert Mark aufnehmen müssen.

ELSBETH. Peinlich. Wie willst du es zurückerstatten?

FANNY. Das wird sich finden.

ELSBETH. Dein Konto schloss Ultimo März mit einem Saldo von zweihundertsechsundsiebzig Mark zugunsten der Bank.

KRULL. Teufel, ist das möglich?

ELSBETH. Kinkerlitzchen, Schlendrian.

KRULL. Das hieße mit vierhundertsechsundsiebzig Mark in der Tinte sitzen.

FANNY. In Köln hat mir Heinrich noch ein echtes Spitzentuch gekauft. *Zu Lydia.* Dir bringe ich einen hellblauen Sonnenschirm mit.

LYDIA. Wo ist er?

FANNY. Im Koffer obenauf. Da ist der Schlüssel.

LYDIA. Tausend Dank, Fannychen. Ich weiß so viel Wichtiges für dich.

Fanny und Lydia geben schnell auf Fannys Zimmer zu.

FANNY *in der Tür.* Und dir, Tante ...

ELSBETH. Von geborgtem Geld mag ich nichts geschenkt.

FANNY. Das nenne ich Charakter! *Schnell geht sie Lydia nach.*

KRULL. Reizender Racker, ein Sonnenschein.

ELSBETH. Auch die von mir entliehenen zwölfhundert Mark müssen an mich zurück. Endlich Ordnung in unsere Angelegenheiten.

KRULL. Tante Elsbeth, solchen Griesgram in die Einzugsfreude!

ELSBETH. Lady Macbeth mit einem Wort.

KRULL. Scherz.

ELSBETH. Raffinierte Bosheit. Mein Nichtchen kenne ich bis in die Haarspitzen.

KRULL *lacht.* Haarspitzen.

ELSBETH. Lach nicht. Sie und ich sind Frauen, spaßen nicht. Jeder Gruß an mich von der Reise war Niedertracht.

KRULL. Wie oft haben wir herzlich dein gedacht. Vergegenwärtige ich mir die Maibowle bei Susmichels, mit der Fanny dein Wohl ausbrachte … Ein Ton echter Rührung zitterte über den Pokalen.

ELSBETH. Der Rhein hat ungünstig auf deine Neigung zur Phrase gewirkt. Keine Beteuerungen, keine Auseinandersetzungen. Du bist mir verschuldet, wirst mir höher verpflichtet werden. Ich verlange hier Respekt.

KRULL. Jeder Hausgenosse wird ihn wahren.

ELSBETH. Ihr wollt von mir erben.

KRULL. Wenn du uns liebst. Wir sind die nächsten.

ELSBETH. Taten kostet das immer wieder.

KRULL. Zuneigung und Dankbarkeit garantieren sie.

ELSBETH. Höchstes Zuvorkommen und mehr. Seid ihr bereit? Sieh mir ins Auge. – Nie zucktest du mit der Wimper.

KRULL *krampfhaft lachend.* Mein Herz liegt wie ein Spiegel vor dir.

Man hört aus dem Nebenzimmer helles Gelächter der Frauen.

KRULL. Höre, wie herzlich sie lachen.

Elsbeth verlässt wortlos das Zimmer.

KRULL *nimmt die Fotografie vom Tisch.* Ausgezeichnet. Die ganze Elsbeth. *Er seufzt.* Ach ja …

Fünfter Auftritt

FANNY *kommt.* Hat sie weiter mit Ziffern geschleudert?

KRULL. Was schert mich der Firlefanz. Es kommt schon in Ordnung. Aber sei nett zu ihr. Nicht mit geheuchelter Liebe, aus der einfachen Berechnung heraus, wir wollen erben.

FANNY. Wir tun's in jedem Fall. Einmal ist kein noch so entfernter Verwandter da, dann aber ist ihr berüchtigter Familiensinn …

KRULL. Sie meint es gut.

FANNY. Mit dir vielleicht. Aber nicht so viel Worte über sie. Ihre Rolle hier ist ein für alle Mal zu Ende. Darüber sind wir einig.

KRULL. Vollkommen.

FANNY. Es war die Bedingung, unter der ich Sidoniens Platz an deiner Seite einnahm.

KRULL. Gewiss. Die ihr zustehende Achtung empfängt sie – damit basta.

FANNY. Ich muss mein Medaillon verloren haben.

KRULL. Das goldene mit meinem Bilde?

FANNY. Heute Morgen im Coupé fühlte ich es auf der Brust. *Sie nestelt sich auf.*

KRULL. Das wäre!

FANNY. Kannst du hinlangen?

KRULL *fühlt.* Ich habe es! *Er bringt es herauf.* Süße Frau, süße ...

FANNY. Heinrich.

KRULL. Ist die Welt, die Welt schön! Versinken ...

Sie liegen sich in den Armen.

KRULL *nach einem Augenblick.* Was mag sie annähernd besitzen?

FANNY. Fünfzig, sechzigtausend etwa.

KRULL. Sechzigtausend, so dachte ich auch. *Er küsst sie.* Meine Puppe!

FANNY. Liebster!

Sechster Auftritt

EMMA *tritt ein.* Das Kaffeegeschirr ...

Fanny geht schnell in ihr Zimmer zurück.

KRULL. Sonst in unserer Abwesenheit nichts von Belang, Emma?

EMMA. Ein Tag wie der andere, was kommt denn so vor? Höchstens wäre ... die Kassette vielleicht.

KRULL. Was? Was ist das?

EMMA. Die Fräulein Treu herauf brachte.

KRULL. Wie – Kassette?

EMMA: In schwarze Tücher gebunden, wog einen viertel Zentner und fühlte sich so an.

KRULL *springt auf.* Aber was für eine Kassette, in Gottes Namen?

EMMA. Ein schwerer Kasten halt.

KRULL. Nimm dich, Mädchen, zusammen. Denk gehörig nach, langsam, um Heilands willen lass dir Zeit. Also wann war es? Heraufschleppte – in schwarze Tücher gebunden – einen viertel Zentner – woher – hierhin – allein – mit wem – abends – morgens? Und dann – wohin damit? Du räumst doch im Zimmer auf. Was ist denn ein schwerer Kasten halt – was ist denn aus ihm geworden?

EMMA. Ich habe nichts mehr davon gesehen.

KRULL. Verschwunden also?

EMMA. Wie verzaubert.

KRULL. Versteckt!

EMMA *weinerlich.* Und die Mine flöge auf oder die Bombe, hat sie zu Lydia gesagt.

KRULL. Flöge auf?

EMMA *weint.* Hat sie gesagt.

KRULL. Eiserne Kassette?

EMMA. Meine ich.

KRULL *pfeift durch die Zähne.* Ha! Genug! Fort!

Emma geht.

KRULL *springt an die Tür der Tante.* Das hieße: An die Gewehre! *Er sieht durchs Schlüsselloch.* Das hieße – Herrgott, was mag in meiner Abwesenheit hier vorgegangen sein? Wir waren doch trotz Hochzeit und lirum larum ein Herz und eine Seele. Was für Einflüsse, Schwingungen, welche Revolte denn? Was hat sie – zu welchen Entschlüssen sich verstiegen – was gibt es jetzt zu schreiben? Wem? Ich muss das Äußerste versuchen. Sie sieht – hält gegen das Licht – was? Die Bilder! Geht vom Tisch weg, kommt –

Er tritt von der Tür in die Zimmermitte.

Siebenter Auftritt

ELSBETH. Du wirst Herrn Seidenschnur schreiben, ich verzichte auf die Fotografien.

KRULL. Meines Wissens verpflichtet die Anerkennung des Probebildes und eine Bestellung daraufhin ...

ELSBETH. Die Bilder geben mich in einer Auffassung, die für eine Theaterprinzessin, nicht aber für eine Dame bürgerlicher Gesellschaft passt.

KRULL. Man hätte nur ...

ELSBETH. Kurz: Ich will und verlange von deinem männlichen Beistand, du ordnest die Angelegenheit.

KRULL. Das hieße: keine Bezahlung.

ELSBETH. Nicht einen Pfennig.

KRULL. Eine peinliche Lage.

ELSBETH. Du willst nicht?

KRULL. Ich sehe keinen Weg, besonders da ich für meine Person die Fotografien ausgezeichnet finde.

ELSBETH. Schamlos sind sie mit dem hochgestellten Knie. Rundheraus: eine Beleidigung. Gibst du eine solche Kränkung meiner Person zu, musst du mir meine Schlüsse überlassen.

KRULL. Vielleicht hat Fannys Hinweis, du sähest einige Jahre älter aus ...

ELSBETH. Mich eitel gesehen zu haben, erinnerst du dich nicht.

KRULL. Aber ich habe – ich selbst kann doch nicht – wenn ich dich versichere ...

ELSBETH. Hast du mich noch nicht genug gequält? Sollen meine Nierenschmerzen, die ich der Aufregung durch dich vorhin verdanke, ins Maßlose steigen? Doktor Stößl findet Salze in meinem Urin.

KRULL. Stößl ist ein Scharlatan.

ELSBETH. Eine Kapazität. Willst du endlich schreiben?

KRULL. Bestimmt erreiche ich nichts und mache mich lächerlich.

ELSBETH. Lass einen Gedanken nicht in mir aufkommen! Ohne das Gefühl, meine einzige Verwandte ist das Weib eines Mannes, der seinen unwandelbaren Willen an richtiger Stelle durchsetzt, wäre meinen Absichten um mein Erbe der Boden entzogen.

KRULL. Appellierte ich etwa an sein Gerechtigkeitsgefühl?

ELSBETH. Ha! Ein hergelaufener Fotograf kränkt eine vermögende Dame der besten Stände, und du, zu meiner Verteidigung aufgefordert, findest nichts gegen ihn, als ...

KRULL. Soll ich mich hinreißen lassen, die Rücksichten, die ich meiner Stellung schulde, außer Acht lassen?

ELSBETH. Derartiges erwarte ich. In meiner Vorstellung ganz Außerordentliches von dir. Und sei gewiss, der Bericht über das stattgefundene Ereignis wird den Beschluss bezüglich meines Testaments bestimmen.

KRULL. Testament? Solche Hypochondrien, liebste Tante.

ELSBETH. Schweig! Kein überflüssiges Wort. Den Brief, den Brief! Ich habe den Abschluss meines irdischen Kontos für die allernächsten Tage vorgesehen, mein Vermögen mit eigenen Händen hierher überführt. Die beste Verfügung über einhundertvierzigtausend Mark quält unsere Seele mit heftigen Skrupeln. Ich erwarte viel von dir. *Sie geht in ihr Zimmer.*

KRULL. Einhundertvierzigtausend Mark! Die Kassette! Heiland ... Angstschweiß! Hundertvierzigtausend ...

Achter Auftritt

FANNY *kommt mit einem Tablett, auf dem eine Flasche und Gläser. Sie sagt schmelzend.* Heinzelmännchen!

KRULL *brüllt.* Schweig!

Fanny lässt das Tablett fallen.

Der zweite Aufzug

Erster Auftritt

ELSBETH *tritt in Nachtjacke und Haube aus ihrem Zimmer, schleicht durch den Raum und lauscht an Krulls Schlafzimmertür. Nach einigen Augenblicken spuckt sie mit dem Ausdruck des Ekels aus.* Pfui! Wie ich das Frauenzimmer hasse! Wie sie den noch Schlafenden zu packen trachtet!

Fanny reißt kurz die Tür auf und steht im Negligé Leib an Leib dicht vor Elsbeth, misst sie und schlägt die Tür wieder zu.

ELSBETH. Könnte ich den Himmel auf dich herabschmettern! Aber warte, der Tag bleibt auch für mich nicht ohne Erfolg. *Verschwindet in ihr Zimmer.*

Zweiter Auftritt

Lydia und Seidenschnur treten auf.

SEIDENSCHNUR. Ich nehme es für gute Vorbedeutung, dass Sie mir öffnen, gnädiges Fräulein.

LYDIA. Unser Mädchen besorgt in aller Frühe einen Brief für Fräulein Treu.

SEIDENSCHNUR. Denken Sie, ich empfange ein Schreiben Ihres Herrn Vaters, die Fotografien hätten das lebhafte Missfallen der Bestellerin erregt, die sich weigere, sie anzunehmen. Wie erklären Sie diesen mich beschämenden Fall? Bleibt Ihr Herr Vater in Ton und Haltung auch durchaus korrekt – lesen Sie selbst.

LYDIA *liest vor.* »Hält Fräulein Treu die Ähnlichkeit doch nicht in einem Maße für erreicht, das sie an ein vollendetes fotografisches Gemälde glaubt stellen zu müssen, und nimmt daher mit außerordentlichem Bedauern von der Annahme der Bilder Abstand. Genehmigen Sie, mein Herr ...« – Aber Herr Seidenschnur, das ist ja entsetzlich!

SEIDENSCHNUR. Aus einer mit Anerkennung höchster Personen gespickten fünfjährigen Praxis der exorbitanteste Fall; ich bin außer mir, Sie sehen mich vor Erregung zittern. Bin ich der erste Beste? Liest man in dieser Familie keine Zeitung? Dies Vorgehen ist völlig unerhört. Etwa weil ich Mieter im Hause bin? Ich zahle Zins und fertig. Hier muss ich meiner Ehre wegen ein Exempel statuieren. Würde der Vorfall ruchbar, es wäre für meine Ateliers ein nicht abzumessender Schaden.

LYDIA. Könnte ich gutmachen – Tante ist so eigensinnig.

SEIDENSCHNUR. Ich aber bin in Ehrenhändeln bis zu völliger Bewusstlosigkeit empfindlich.

LYDIA. Will sie nicht, ist von ihr kein Geld zu bekommen.

SEIDENSCHNUR. Geld! Erhielte ich schließlich mein Honorar, wie wäre die Tatsache der abgelehnten Bilder im Publikum zu paralysieren? Dieser dritte April ist der katastrophalste Tag meines Lebens. Fräulein Treu bemängelt Aufnahmen von Seidenschnur aîné. Man hat Neider, Feinde, Bestien.

LYDIA. Es ist wirklich unerhört.

SEIDENSCHNUR. Der große Kreis Ihrer Bekannten! Fama!

LYDIA. Übertreibung!

SEIDENSCHNUR. Krüger und Sohn werden es in alle Welt schreien. War man zu einem gewissen Resultat seiner Arbeit gekommen, da fährt ein Schlag aus heiterem Himmel nieder, und man steht ohne Mittel, ihm zu begegnen.

Pause.

LYDIA. Ließe ich mich fotografieren?

SEIDENSCHNUR. Wie?

LYDIA. Nur habe ich die Mittel nicht. Mein Taschengeld ...

SEIDENSCHNUR. Aber gnädiges Fräulein, Fräulein Lydia! Das wäre die Tat einer Heldin! Hieße die Familie desavouieren. Mich blendet der Einfall. Aber wagen Sie nicht zu viel?

LYDIA. Wohl wage ich. Die Aufnahme müsste im Geheimen geschehen. Man würde mich zurückhalten.

SEIDENSCHNUR. Nicht eher ruhe ich!

16

LYDIA. Still! Man hört uns.

SEIDENSCHNUR. Wann soll es geschehen?

LYDIA. Vater benutzt die letzten Stunden seines Urlaubs zu einem Familienausflug in den Stadtwald. Ich will vorgeben, am Vormittag sei Probe für die Osterkantaten; versuchen, zurückzubleiben.

SEIDENSCHNUR. Welche Stunde also?

LYDIA. Elf Uhr.

SEIDENSCHNUR. Die Aufnahmen einmal gemacht, kann ich meine Ehre mit höchstem Nachdruck versichern. Sie sind mein Engel!

LYDIA. Gehen Sie.

SEIDENSCHNUR. Unter diesen Umständen sagen Sie besser nichts von meinem Besuch.

LYDIA. Nichts.

SEIDENSCHNUR. Der Wievielte ist heute?

LYDIA. Der dritte April.

SEIDENSCHNUR. Nie werde ich den Tag vergessen.

Er geht, von Lydia gefolgt.

Dritter Auftritt

Fanny und Krull treten auf.

FANNY. Die Tür riss ich ihr aus der Hand; das Frauenzimmer fiel mir fast in die Arme.

KRULL. Gigantisch!

FANNY. Ein hassverzerrtes Gesicht fauchte. Schlagender Beweis für meine Behauptung: Hier hilft kein Parlamentieren. Sie oder ich. Trau meiner Überzeugung, Heinrich: Unser Glück steht auf dem Spiel. Ich mache nicht durch, was Sidonie ertrug.

KRULL. Papperlapapp. Ich werde, das versteht sich, meine Autorität von Anfang an gründlich aufrichten.

FANNY. Dich will sie. Von deinem Atem, deiner Denk- und Tatkraft leben, mit jeder Geste bist du ihrer Gier ausgeliefert.

KRULL. Sie soll nicht mucksen. Ich will sie in die bescheidenste Wirksamkeit zurückstoßen.

FANNY. Dieser empörende Überfall am frühen Morgen in unsere Zurückgezogenheit!

KRULL. Ein starkes Stück.

FANNY. Lass dich durch keine Rücksichten aufhalten, sie an die Wand zu pressen, bis ihr der Atem vergeht. Stoße ihre Anmaßung kurz und klein. Ich will Lydia, will die Magd zurückhalten, du wirst keinen Zeugen haben. Was auch zwischen euch geschieht, sie wird nichts beweisen können. Ich aber vermag nicht zu leben, ehe du für mich deine Pflicht erfüllt.

KRULL *brüllt*. Es ist ja um den Verstand zu verlieren. Vor Stunden noch in Deutschlands gesegnetsten Gauen und hier in einer Kloake sittlicher Verkommenheit.

FANNY. Auge und Ohr an dein Schlafzimmer gepresst! Wie weit soll es erst noch kommen? Geh hinein! Brich die Gelegenheit vom Zaun.

KRULL. Du meinst?

FANNY. Sei mein Held, wie du in unseren Nächten erscheinst. Ich leide. Befreie mich – du Starker, Königlicher.

KRULL. Ich will sie frikassieren – meine Puppe.

FANNY. Und sei versichert, niemand hört und sieht dich. Auf! *Sie geht schnell ab.*

Vierter Auftritt

ELSBETH *tritt auf*. Ich fliege hoch. Wollt ihr eure Auseinandersetzungen nicht etwas weiter von mir entfernt durchführen?

KRULL. Von Auseinandersetzungen kann ganz und gar keine Rede sein. Fanny und ich sind ein Herz.

ELSBETH. Nun?

KRULL. Bitte?

ELSBETH. Ist die Sache erledigt? Der Brief?

KRULL. Fort.

ELSBETH. Und?

KRULL. Der Eindruck wird ein eklatanter sein. Das beiseite ...

ELSBETH. Nicht übel das beiseite. Ehe noch vollständige Klarheit herrscht. Vermutlich hast du ihm honigsüß einen bescheidenen Vorschlag unterbreitet.

KRULL. Mein Brief ist ein Brevier entschiedensten Protestes. Im Ausdruck schneidig bis zur Grenze der Beleidigung.

ELSBETH. Bist du nicht zu weit gegangen?

KRULL. Ist er ein Gentleman, vielleicht. Ich würde den Schreiber ohrfeigen.

ELSBETH. Aber das war nicht in meiner Absicht.

KRULL. Hat er nach deiner eigenen Aussage dich nicht gröblich beleidigt? Wir sind keine Lämmer.

ELSBETH. Immerhin ...

KRULL. Du hättest vorher überlegen müssen.

ELSBETH. Jedoch ...

KRULL. Fünf Mensuren habe ich geschlagen, bin im Umgang mit Schusswaffen nicht unbewandert.

ELSBETH. Ich verbiete dir, dich zu schießen. Hörst du nicht, was ich sage?

KRULL. Ich kann für nichts mehr stehen.

ELSBETH. So weiß ich, was ich zu tun habe.

KRULL. Soll ich dich in meinen eigenen Räumen von diesem hergelaufenen Fotografen insultieren lassen?

ELSBETH. Er ist schließlich für seine Kamera nicht verantwortlich.

KRULL. Dich wie eine Theaterprinzessin, eine Kokotte mit hochgezogenen Beinen auf die Platte zu werfen!

ELSBETH. Es ist nicht so schlimm.

KRULL *laut*. Es ist empörend!

ELSBETH. Nur den Fuß – sieh doch selbst ... *Sie geht in ihr Zimmer, dessen Tür sie auflässt.*

KRULL *sehr laut*. Wie eine schamlose Person siehst du aus, ein Mensch von der Straße.

Fünfter Auftritt

FANNY *steckt den Kopf zum Zimmer herein.* Nun?

KRULL *leise*. Hast du gehört: schamlose Person, Mensch im Neutrum? Ein halber Kadaver ist sie. Zerstückelt. Aber es geht noch weiter.

FANNY. Liebling! *Verschwindet.*

Sechster Auftritt

Elsbeth kommt zurück.

KRULL *reißt ihr das Bild aus der Hand.* Eine raffinierte Mischung von Walküre und Konkubine.

ELSBETH. Aber mit der Tatsache, wir zahlen nicht, muss die Geschichte ein Ende haben. Du überschrittest meinen Auftrag, da du Seidenschnur beleidigtest. Bring das wieder in Ordnung.

KRULL. Die Affäre muss sich entwickeln. Ich bin auf ihren Fortgang gespannt.

ELSBETH. Unbedingt ein Ende!

KRULL. Herr Seidenschnur …!

ELSBETH. Schluss.

Kleine Pause.

ELSBETH und KRULL *gleichzeitig.* Übrigens …

ELSBETH und KRULL *gleichzeitig.* Bitte?

KRULL. Du wolltest etwas bemerken.

ELSBETH. Du sagtest »übrigens«.

KRULL. In der Tat. Aber nach dir.

ELSBETH. Sprich dich aus.

KRULL. Ich habe Zeit.

ELSBETH. Du schienst dich impulsiv äußern zu müssen.

KRULL. Durchaus nicht. Es war mehr, um die Gesprächspause zu füllen. Eher erwartete ich von dir eine vorgefasste Meinungsäußerung.

ELSBETH. Was wollte ich nur sagen?

KRULL *lacht.* Nun wissen wir beide nichts.

ELSBETH. Du siehst elend aus.

KRULL. Bis spät in die Nacht habe ich aufgehäuftes Material durchgesehen.

ELSBETH. Nichts sonst, das dich mitnimmt? – Liebst du Fanny noch?

KRULL. Ich bete sie an. Du erinnerst dich jener unglückseligen Abende nach Sidoniens Tode, da ich meinte, vor Schmerz vergehen zu müssen, und aus dem Grau einer einsamen Zukunft kein Licht sah.

ELSBETH. Du hättest zu deiner ersten Frau Lebzeiten an die andere nicht gedacht?

KRULL. Welch barocker Gedanke! Sidoniens übervoll ...

ELSBETH. In einer schwachen Stunde hast du mir rund das Gegenteil gestanden. Fannys kristallene Seele leuchte in dein Leben.

KRULL. Hätte ich so etwas gesagt?

ELSBETH. Kristallen. Ich versichere dich. Und – aus deinem heutigen Leben hast du mir, ich bitte dich, denke nach – nichts anzuvertrauen?

KRULL. Ich bin mit Fannys Liebe als Gattin, deiner zarten Besorgnis, die ich wohl zu schätzen weiß, und Lydias Verehrung restlos glücklich.

ELSBETH. Bodenloser Heuchler! Zwei sind bei dir schon um ihr Leben betrogen. Der dritte soll nicht verschont bleiben.

KRULL. Tantchen, hört man dich ...

ELSBETH ... meint man, die Wahrheit rede mit feurigen Zungen. Warte hier.

KRULL. Wie?

ELSBETH. Du sollst hier auf mich warten. *Geht in ihr Zimmer.*

KRULL *schnell an die Tür hinten rechts. Er spricht zu Fanny hinaus.* Nun ist in deinem Sinne reiner Tisch gemacht. Minuten noch für Geschäftliches. *Schlägt die Tür wieder zu.*

Elsbeth tritt auf, die Kassette in Händen.

KRULL. Was ist das?

ELSBETH. Rück den Tisch zwischen uns. Hier der Schlüssel. Schließ auf.

Krull tut so.

ELSBETH. Einhundertundvierzigtausend Mark, mit Ausnahme von zwölftausend Mark Elektrizitätsaktien, Staatspapiere.

KRULL. Staatspapiere!

ELSBETH. Zähl die Stücke durch.

KRULL. Eins zwei drei vier ...

ELSBETH. Bayerische Anleihe, die ich allen andern vorzog, weil der bayerische Staat in seinen riesigen Forsten eine gewisse Zinsgarantie besitzt.

KRULL. Ist das wahr? Vierundzwanzig ... fünfundzwanzig ... sechsundzwanzig ... riesige Forstbestände dreißig ... einunddreißig ... Zinsgarantie ... für Coupons ... vierzig ...

ELSBETH. Lydia liebst du aufopfernd?

KRULL. Aufopfernd einundfünfzig. Forstbestände achtundfünfzig ... neunundfünfzig ... aufopfernd.

ELSBETH. Fanny ist blendend schön, nicht wahr? Es scheint nicht nur so?

KRULL. Fünfundsiebzig. Blendend. Verblüffend.

ELSBETH. Sinnlich?

KRULL. Dreiundachtzig. Pardon? Vierundachtzig ...

ELSBETH. Sinnlich? Ich habe den Eindruck: über das Maß.

KRULL. Gott ... Zweiundneunzig. Natürlich ... man ist nicht der Jüngste.

ELSBETH. Geht es Tag für Tag, morgens und abends so fort ...

KRULL. Aber du hast recht. Spessart, Bayerischer Wald.

ELSBETH. Frankenwald, Fichtelgebirge ...

KRULL. Voralpen. Genialer Gedanke. Machte einem Finanzmann Ehre.

ELSBETH. Du sahst, gesteht man die Wahrheit, eigentlich nie ein solches Papier.

KRULL. Hundertundachtundzwanzig. All right. Gesehen? Hahaha, nur im Schaufenster des Bankiers. Nicht eigentlich in Händen gehabt.

ELSBETH *reicht ihm ein Papier.* Sieh es doch an.

KRULL. Eigentlich schließt es die Welt ein.

ELSBETH. Man braucht keine Susmichel mehr.

KRULL. Der Zinsbogen repräsentiert in der Gesamtheit noch einmal die Hälfte des Kapitals.

ELSBETH. Versteht sich. Nämlich Fanny ... sie treibt es über das Maß, geht ein wenig auf den Kern.

KRULL. Vielleicht. Dazu die zwölf Elektrizitätsaktien.

ELSBETH. Er hat etwas Raubtierhaftes.

KRULL. Nur nennt man es in diesem Falle Dividende.

ELSBETH. Diese zwölftausend Mark repräsentieren meine Spekulationslust.

KRULL. Einhundertundachtundzwanzigtausend aber sind wie ein Fels.

ELSBETH. Rechne dreizehnhundert Mark hinzu, die du mir schuldest. Wir wollen ein Nummernverzeichnis anfertigen. Darf ich dich bei Gelegenheit darum bitten?

KRULL. Habe ich nicht erst im Falle Seidenschnur meine völlige Bereitwilligkeit bewiesen?

ELSBETH. Den ordnest du also in meinem Sinne?

KRULL. Glatt. Ich werde ihn gleich um eine letzte Unterredung bitten.

Elsbeth schließt die Kassette und erhebt sich.

KRULL. Du gehst doch unbedingt mit uns in den Stadtwald. Meine letzten freien Stunden wollen wir unter Gottes blauem Himmel verbringen. Zudem hat es mir Fanny auf die Seele gebunden.

ELSBETH *dicht bei ihm.* Wieder einmal, Heinrich, trete ich in deinem Leben eindringlich an dich heran. Die Welt hält noch andere Dinge als eine niedliche Frau. Du hast es grade gespürt.

KRULL *leise.* Wahrhaftig! Doch sei unbesorgt. Schon habe ich angefangen, ihr Schranken zu weisen.

ELSBETH. Ein Organismus ist schnell geplündert.

KRULL. Man ist ja auch kein Louis Quinze.

ELSBETH *lächelt.* Ein vernünftiger Gedanke mit den vierprozentigen Bayern, he?

KRULL *reicht ihr die Hände.* Ich beglückwünsche dich von ganzem Herzen dazu.

ELSBETH. Längst hätte ich über so amüsante Sachen mit dir gesprochen, aber im letzten Jahre galt dein Trachten dem Weibe da.

KRULL. Jedes Ding fordert seine Zeit.

ELSBETH. Dann – hehehe! – Ich mache mich fertig. *Sie geht auf ihr Zimmer zu.*

KRULL *neben ihr.* Und nun kommt das graue Kleid mit dem Silbersschal an die Sonne.

ELSBETH *gibt ihm einen Backenstreich.* Wenn du willst. *In ihr Zimmer.*

Siebenter Auftritt

Krull öffnet die hintere Türe rechts.

FANNY *tritt ein, zum Ausgang fertig.* Ihr lachtet?

KRULL. Ein putziges Persönchen. Sie war in ihrer Zerknirschung unsagbar komisch.

FANNY. Ein solches Weib zu durchschauen ist schwerer, als du glaubst. Vielleicht tat sie nur so.

KRULL. Genug. Sie weiß, es ist mir um meinen Willen heiliger Ernst. Sie versprach den Himmel auf die Erde und gibt infolge deiner niederschmetternden Kritik sogar die Bilder an Seidenschnur zurück. Aber auf dieser Basis alles geebnet, hast du nichts dawider, sie begleitet uns in den Wald.

FANNY. Viel lieber freilich ...

KRULL. Für hundertundvierzigtausend Mark macht man schließlich Konzessionen.

FANNY. Hundertundvierzig? Ich dachte, es seien kaum sechzig.

KRULL. Ja, meine kleine Fanny, das ist eben ein gewaltiger Unterschied. Du hast vielleicht von der Bedeutung solcher Summe nicht die richtige Vorstellung, nicht, was sie an sich, nicht, was sie Interessen tragend bedeutet. War dir übrigens bekannt, der bayerische Staat besitzt in seinen riesigen Forstbeständen Zinsgarantien?

Achter Auftritt

LYDIA *tritt auf.* Aber ich darf gar nicht mit euch, von elf bis zwölf ist Gesangprobe.

ELSBETH *tritt zum Ausgehen fertig auf.* Du sollst deine Zeit nicht mit dem Singsang vertrödeln.

LYDIA. Aber für die Osterkantaten ...

FANNY. Es macht ihr Vergnügen.

ELSBETH. Heinrich?

KRULL. Kollege Bachmann bat mich seinerzeit, es ihr zu gestatten. Ich bin ihm verpflichtet. Vorher aber ... Wo ist Emma?

ELSBETH. Sie hat für mich einen wichtigen Gang.

KRULL *zu Lydia.* Sieh zu, sie hier noch zu erwischen, soll sofort zu Herrn Seidenschnur hinauf: Ich bäte ihn um eine Unterredung.

ELSBETH. Er nimmt die Bilder und basta.

KRULL. Basta! Eine Zeit möchte er mir angeben.

Fanny, Elsbeth, Krull gehen.

Neunter Auftritt

LYDIA. Es schlug schon elf.

SEIDENSCHNUR *tritt nach einem Augenblick auf.* Die Kompanie marschiert die Treppe hinunter. Hat sich etwas von Belang ereignet?

LYDIA. Vater bittet Sie um eine Unterredung.

SEIDENSCHNUR. Hat man sich eines Besseren besonnen?

LYDIA. Ich fürchte nein.

SEIDENSCHNUR. So sollen sie mich kennenlernen. Ich will ihm einiges unter die Nase reiben.

LYDIA. Eigentlich war es meine Stiefmutter, die das Bild verurteilte. Tante sähe wie Lady Macbeth aus.

SEIDENSCHNUR. Im Leben wie ein besseres Marktweib. Ward sie zur Lady, spricht das für meine Fähigkeit zu arrangieren, Effekte noch aus dem Nichts zu holen. Statt dankbar zu sein – doch davon später. Jetzt benützen wir die karge Spanne Zeit, ehe man uns überrascht. Den Apparat halte ich bereit. Oder sind Sie anderen Sinnes geworden?

LYDIA. Nein.

SEIDENSCHNUR *geht vor die Tür, erscheint gleich darauf mit einem fotografischen Apparat wieder.* Sie in mein Atelier hinaufzubitten, wagte ich nicht. Wir hätten dort freilich alles bequemer zur Hand gehabt. Im Sonnenglanze sehen Sie jung wie eine Erscheinung aus. Also volle Sonne, Pleinair. Der Apparat wird gierig seine Linse aufreißen, Sie zu verschlingen. Fräulein Krull, im ersten Augenblick, da ich Sie vor Monaten im Hauseingang traf, fühlte ich mich von der Gewissheit durchzuckt, hier pulst starke Individualität und ein modern denkender Mensch fraglos. Darf ich Sie bitten, gegen den Schreibtisch Stellung zu nehmen. Den Rücken leicht angelehnt. Gäbe es in der Stadt ein halbes Dutzend Figuren, die ähnliche Reize ausstrahlten, für die nichts in der Welt empfindlich ist wie eine fotografische Platte. Mein Herz vielleicht ausgenommen. Die Hände ineinander gefaltet, gewissermaßen ein Sinnbild mädchenhaften Fühlens. Darf ich einmal sehen? *Läuft zum Apparat, steckt den Kopf unter das schwarze Tuch.* Ausgezeichnet! Das linke Bein vielleicht ein wenig nach vorn. *Er läuft zu ihr, kniet und arrangiert.* Noch ein wenig. *Großer Seufzer.* Ach Fräulein Lydia! Der Künstler, der wie unsereiner vom Modell abhängig ist!

LYDIA. Ach ja ...

SEIDENSCHNUR. Was wäre Phidias, hätten ihm die schönsten Helleninnen nicht den herrlichen Leib geboten; was Michelangelo – immer noch ein bisschen. In ihrem Bau eine Fülle, die sich nicht hervortut, ein ganz seltener Pli. »Fausse maigre«, sagt der Franzose. So waren Correggios Gestalten. Einen Augenblick verharren. *Er läuft wieder unter das schwarze Tuch.* Überwältigend. *Wieder zu ihr.* Die Brust etwas vor, eher den Leib zurück. *Er bringt sie in die Stellung und läuft zum Apparat.* Jetzt vorzüglich, über alles Begreifen. Also bitte: eins, zwei, drei, vier. Besten Dank! Gleich noch einmal, wenn es passt. – Aber jetzt nehmen wir sitzend Profil. Die Beine burschikos übereinandergeschlagen.

LYDIA. Hätte ich doch eins meiner besseren Kleider an. Ohne Aufsehen konnte ich mich aber nicht umziehen.

SEIDENSCHNUR. Den bezaubernden Charme ihrer frischen Jugend sollen meine Bilder wiederschaffen. Das Kleid ist ein Unwesentliches. Gelänge es, das hohe Fis Ihrer Kehle dem Beschauer in meinem Werke nahezubringen.

LYDIA. Was haben Sie für eine herrliche Stimme! Stehen wir auch weit voneinander, oft übertönt sie alle anderen im Saal. Herr Musikdirektor sagt dann immer: Das war Seidenschnur!

SEIDENSCHNUR. Ich habe das tiefe D ohne Mühe. Den Kopf etwas nach rechts gedreht, die Hände diesmal nachlässig im Schoß. Ihr Fis, Fräulein Lydia, schwebt wie ein einsames Licht über den Chören, rührt jedes Herz an. Einmal gelang Ihnen sogar G.

LYDIA. In der Missa solemnis, da ich sehr bewegt war. *Sie singt die Stelle.*

SEIDENSCHNUR. Es macht selig. Eine schlanke innige Hand. Sehen Sie nur, wie hungrig der Apparat auf sie lauert. *Er tritt zum Apparat zurück, steckt den Kopf unter das Tuch. Von dorther sagt er.* Es geht nicht anders! *Geht schnell auf Lydia zu und küsst sie.*

LYDIA *steht auf.* Herr Seidenschnur.

SEIDENSCHNUR *ist zurückgesprungen.* Sitzen bleiben, bitte! Meine Existenz steht auf dem Spiel! *Wieder unter dem Tuch.* Die Mattscheibe ist schuld. Könnten Sie sehen, wie himmlisch sie Sie abmalt. Ich halte mich von Neuem kaum.

LYDIA. Herr Seidenschnur!

SEIDENSCHNUR *unter dem Tuch breitbeinig.* In die Linse fließt Ihre Erscheinung, Lydia, bis zu meinen Herzkammern. Durch das Tuch vom Weltall sonst geschieden, werde ich aus ihnen mit Liebreiz bis zur Tollheit gespeist. Auge hierher in meines. Lydia, ach ... *Er schiebt die Kassetten in den Apparat, zieht hoch, drückt den Ball.* Eins, zwei, drei, ich liebe Sie. Danke! Sich nicht abwenden, nicht gekränkt sein, bitte. Von einem Bass erwarteten Sie solche Heftigkeit nicht. Liebe zu gestehen, ist der Tenöre geheiligtes Recht. Der Bass steht nach aller Erfahrung im Hintergrund der Szene, rollt düster die Augen und ist allemal der Verzichtende oder Betrogene. Höchstens darf er ein Trinklied singen. *Singt.*

Kartenspiel und Würfellust
Und ein Kind mit runder Brust ...

Und macht komische Sprünge dazu. So: *Er springt.* Sonst aber versieht man sich keiner Wallungen von ihm.

LYDIA. Wie drollig Sie sein können. Ich dachte, Sie wären für das Höhere.

SEIDENSCHNUR. Ich bin für das Höhere. Aber ich bin auch für das Drollige. Übrigens kann das Drollige gleichzeitig das Höhere sein. Wir sind fertig. Gerettet bin ich. Über alle Zumutungen und Zufälle durch Sie erhaben. *Er stellt den Apparat beiseite.* Sie ermöglichten dem freien Künstler, bürgerlicher Kanaille gegenüber fort ins Erhabene sprechen zu können.

LYDIA. Ach die Kunst!

SEIDENSCHNUR. Lydia, ein heißes Herz sind Sie. Auch Ihnen werden die Fetzen bourgeoiser Gewohnheiten alsbald nicht mehr passen, sich freimachen werden Sie, eine reiche Individualität mächtig ausleben müssen.

LYDIA. Glauben Sie wirklich, ich bin eine Individualität?
SEIDENSCHNUR. Ha! Kann das Frage sein?

> »Ich möchte mir die Kleider niederreißen,
> Auf weißer Heide eisumsponnen stehen,
> Und wirbelnd in die Ewigkeit verwehen,
> Das werden weise Leute Wahnsinn heißen.«

LYDIA. Wirbelnd! Himmlisch! Ganz so ist mir.
SEIDENSCHNUR. Nirwana, Lydia!
LYDIA. Alfons!

Sie umarmen sich.

SEIDENSCHNUR. Aber lass niemand darum wissen. Noch ruhe tiefes Geheimnis über unserem Bunde. Ranküne, Neid würde ihn mit Geifer bespritzen, uns auseinandersprengen. Habe ich noch eine Strecke Wegs geschafft ...
LYDIA. Dann o Gott ...
SEIDENSCHNUR. Vor mir liebtest du keinen?
LYDIA. Wie ich keinen nach dir lieben werde. Du bist das Licht, die Wahrheit und das Leben.
SEIDENSCHNUR. Himmlisches Weib!

Neue Küsse.

SEIDENSCHNUR. Wie sehen wir uns heimlich wieder?
LYDIA. Wüsst' ich's nur. Tante lässt mich nicht aus den Augen, und ist Fanny auch auf meiner Seite, weiß man doch nicht, wie es morgen steht. Zwischen beiden ist der Teufel los.
SEIDENSCHNUR. Ein schickes Frauchen ist deine Stiefmutter.
LYDIA. Eitel, albern und selbstsüchtig. Ich halte gegen sie zu Tante.
SEIDENSCHNUR. Amor hilft, wird uns schon Mittel an die Hand geben. Wie alt ist diese Fanny?
LYDIA. Achtundzwanzig. Sieht aber bedeutend älter aus. Bist du glücklich?
SEIDENSCHNUR. Bis in die Spitzen der Finger. Du hast aber auch einen seltenen Pli.
LYDIA. Mein Bau ist gut.

SEIDENSCHNUR. Morgen nach der Probe einen Gang in den Wald gegen Spiegelsberge?

LYDIA. Holt Tante mich nicht ab. Hoffentlich gibt ihr die Kassette zu tun.

SEIDENSCHNUR. Wie, Kassette?

LYDIA. Wichtige Dinge. Gehen die ganze Familie an.

SEIDENSCHNUR. Eine Geldkassette?

LYDIA. Ja. Ein andermal ...

SEIDENSCHNUR. Davon später, gewiss. So so ... Sehe ich nur ein Stückchen weiter ... so so ...

LYDIA. Geh nun; man trifft uns sonst. Und Vater? Wann willst du ihn sprechen?

SEIDENSCHNUR. Gegen drei Uhr bin ich bei ihm. Ohne mir etwas zu vergeben, kann ich gegen den Älteren diese Rücksicht nehmen. Gib dein Mäulchen noch einmal, Schnuck.

LYDIA. Schnuck?

Sie umarmen sich.

SEIDENSCHNUR. Charmante Schnute.

LYDIA. Herz!

SEIDENSCHNUR *steht am Ausgang, winkend.* Nirwana! *Er geht.*

LYDIA *sieht ihm nach.* Wie schön er ist! Auf weißer Heide ohne Kleider stehen ... *Sie geht in ihr Zimmer.*

Zehnter Auftritt

Elsbeth, Fanny und Krull treten auf.

FANNY. Und ich verlange von dir, du sagst dieser Person in meiner Gegenwart ein für alle Mal Bescheid.

ELSBETH. Du duldest das?

FANNY. Lydia soll durch diesen Drachen, diese Menschenfresserin nicht um ihre Jugend gebracht werden. Ich will es nicht!

ELSBETH. Duldest du ...?

FANNY. Mein mir von Gott gesetzter Schutz bist du, hast die Pflicht, es ihr ins Gesicht zu schleudern.

ELSBETH *kreischt.* Lässt du mich von dieser hysterischen Gans ...

FANNY. Hysterisch! Hörst du? Deine Gattin!

ELSBETH. Los, los, auf sie!

KRULL *laut.* Himmelkreuzdonnerwetter, das kann nicht so weitergehen! Wer ist hier eigentlich Herr im Haus?! *Er geht drohend auf Elsbeth zu.* Also ein für alle Mal ...

Elfter Auftritt

EMMA *tritt auf, sagt zu Elsbeth.* Eine schöne Empfehlung von Herrn Notar Dettmichel. Er wird zur Stunde hier sein.

ELSBETH. Gut.

Emma geht.

FANNY. Ihr mit Wucht ins Gesicht, ins Hirn, dass sie's nicht mehr vergisst, oder ich verlasse das Haus auf der Stelle!

Krull schreit auf, noch einmal, wankt und droht zu fallen.

FANNY *bei ihm, ihn stützend.* Was ist dir?

ELSBETH *ebenso.* Was hast du?

Fanny stößt Elsbeth zurück. Elsbeth hebt den Schirm gegen sie.

FANNY. **Mein** Gatte.

ELSBETH *zischt.* Ah ... warte! *Schnell in ihr Zimmer.*

FANNY. Was hast du, Heinz, mein Heinz?

KRULL *stöhnt.* Zu Bett, zu Bett!

FANNY. Fass dich für Sekunden, komm! *Sie führt den Schwankenden erst gegen die Tür rechts hinten, in die sie ruft.* Emma, schnell zu Doktor Stößl! *Dann ins Schlafzimmer.*

Zwölfter Auftritt

Emma steckt den Kopf zur Tür herein. Lydia kommt.

EMMA. Vater ist krank. Ich laufe zum Doktor. *Verschwindet.*

LYDIA *langsam auf die Tür Krulls zu.* Wüsste ich, wer Nirwana ist ...

Der dritte Aufzug

Erster Auftritt

KRULL *tritt schnell aus Elsbeths Zimmer auf.* Endlich! Gut hattest du ihn versteckt; aber ich habe besser gesucht. Ihr nicht genug zu lobpreisenden Falkenblicke saht den schmalen weißen Streifen unter dem Stuhlkissen und hobt herauf – den Testamentsentwurf. Nun habe ich es schwarz und weiß vor Augen, was mir sonst nur die Imagination vorgaukelte: Ich hinterlasse ein bewegliches Vermögen von einhundertvierzigtausend Mark meiner Nichte Fanny Krull unter der Verwaltung ihres Ehemanns Heinrich Krull mit der ausdrücklichen Bestimmung, das Kapital ist in mündelsicheren Papieren zu erhalten und unter Aufsicht des Notars Dettmichel für die Kinder des benannten Heinrich Krull als Nacherben – damit bricht der Entwurf ab. Nun das genügt. O Gott, du siehst mein Herz. Zu vier Prozent … lass sehen … vier mal vierzehn … fünftausendsechshundert Mark. Bedenkt man, ich erhalte nach einundzwanzigjähriger Dienstzeit fünftausendzweihundert Mark Gehalt, für das ich wöchentlich dreißig Stunden an rotznäsige Lausejungen gebe, die mir ihre widrigen Ausdünstungen entgegenströmen, so möchte mich Irrsinn packen bei dem Gedanken, hier fällt einem eine Summe, die mehr an Zinsen abwirft, mühelos in den Schoß. Fünftausendsechshundert Mark bei vier Prozent; aber ich meine, man wird fünfzigtausend Mark zu viereinhalb Prozent anlegen dürfen, Herr Dettmichel wird mit sich reden lassen. Wo ist die Aufstellung der Papiere? Gleichgültig; ich weiß ungefähr Bescheid. Hauptsächlich bayerische Staatspapiere wegen der Zinsgarantien in Forstbeständen. Ein schlaues Frauenzimmer. Wer wäre auf Bayern verfallen, wer weiß überhaupt solche Dinge? In Würzburg und Erlangen habe ich studiert, aber von Zinsgarantien in Forstbeständen … Gewissermaßen hat also Bayern jahrhundertelang aufgeforstet, um mir eine Garantie für mein Geld zu leisten. Welche Summe Arbeit liegt zurück, welch lange Reihe tüchtiger Existenzen hat diesem Ziel gedient. Bis zum Forstmeister führt solche Karriere. Mancher dieser Männer saß abends grübelnd bei der Lampe über das Problem der Rechenschaftslegung. Tritt nicht ein Heer bekümmerter Antlitze vor mein Auge, die Revision ihrer Bücher erwarten? Welch bedeutendes Bewusstsein muss der Besitzende haben, um wirklich bis ins Blut Herr seiner Schätze zu sein. Das gibt Beschäftigung für lange Winterabende, und ich darf dich schon jetzt versichern, Tante: Ich will für meine Familie ein rechter Besitzer sein. Allen Werten werde ich bis ins Mark ihrer Eigenschaften nachgehn; erkennen, vergleichen und beschließen. Da türmen sich Perspektiven: Das Wesen des Wertpapiers, das, wie ich glaube, von Rothschild stammt. Faust, zweiten Teil, Szene mit dem Kaiser wieder ansehen. Die Judenfrage. Wie reich ist der Besitzende, mein Gott, wie reich! Den Statistiken muss ich zu Leibe, der Variabilität der Kurse. Was die Kurse verbürgen, soll näher untersucht werden – und mein ganzes Schulmeisterelend fällt in den Papierkasten. Ich möchte, Tantchen, dir in diesen Augenblicken sehr lieb tun, und kein Mensch dürfte lachen. Jetzt aber das Papier schnell an seinen Platz zurück.

Er geht ins Zimmer der Tante, dessen Tür er offen lässt, und erscheint gleich wieder. Es klopft. Krull öffnet.

Zweiter Auftritt

Seidenschnur tritt auf.

KRULL. Ich hätte, werter Herr, wäre nicht ein Unwohlsein hindernd dazwischengetreten, Sie gestern zu der mir gütigst angegebenen Zeit gesprochen.

SEIDENSCHNUR. Ein peinliches Missverständnis ist je eher je besser aus der Welt geschafft.

KRULL. Meine Ansicht. Fräulein Treu sagen die Bilder nicht zu, um es kurz zu machen.

SEIDENSCHNUR. Weit davon entfernt, mich dem Urteil der Dame in Dingen der Kunst zu unterwerfen ...

KRULL. Selbstverständlich liegt es ihr fern, künstlerische Qualitäten anzufechten.

SEIDENSCHNUR. Mein Atelier ist fünfmal mit goldenen und silbernen Medaillen prämiert. Ich war Reutlingers Paris Meisterschüler. Das kann genügen.

KRULL. Vollkommen.

SEIDENSCHNUR. Welchen Vergleich schlagen Sie vor?

KRULL. Vergleich – hm. Zögen wir den Fall aus der geschäftlichen Sphäre in die gesellschaftliche. Ich sagte: Mein verehrter Herr Seidenschnur, hier Ihre Bilder wieder. Die Auffassung hat uns außerordentlich interessiert ...

SEIDENSCHNUR. Abgelehnt.

KRULL. Ich will offen mit Ihnen reden. Familienverhältnisse zwingen uns, auf die oft barocken Wünsche Fräulein Treus höchste Rücksicht zu nehmen. Meine Frau ist einzige Erbin.

SEIDENSCHNUR. Nach ihr Ihr Fräulein Tochter?

KRULL. Gewiss. Ich weiß nicht, ob Sie sich hineindenken können?

SEIDENSCHNUR. Einigermaßen. In Würzburg lebt mir so ein altes Familienerbstück.

KRULL. Würzburg? Sind Sie Bayer?

SEIDENSCHNUR. Ebendort geboren.

KRULL. Meine Universitätszeit steigt empor. Daraufhin muss ich Sie noch einmal ansehen. Und hier – bitte, lesen Sie. *Er zeigt ihm Bücher auf seinem Schreibtisch.*

SEIDENSCHNUR *liest.* Buchert: Bayerisches Verwaltungsgesetz, Sutner: Bayerische Gemeindeordnung, Jagdrecht des Königreichs Bayern, Die staatliche Viehversicherung in Bayern ... potztausend!

KRULL. Und wissen Sie, Bayern hat in seinen riesigen Forsten gewisse Zinsgarantien für seine Anleihen?

SEIDENSCHNUR. Nein.

KRULL. Infolgedessen ziehe ich bayerische Anleihen allen andern deutschen Papieren vor.

SEIDENSCHNUR. Leicht erklärlich. Nimmt man an, ein Krieg legt Eisenbahnen und Posten brach ...

KRULL. Ecco. Zinsgarantien in Forstbeständen.

SEIDENSCHNUR. Solide Erwägungen.

KRULL. Mir traten sie grade in letzter Zeit wieder sehr nahe, da auch das bedeutende Erbe von Fräulein Treu ...

SEIDENSCHNUR. So darf man gratulieren?

KRULL. Meine Frau, später meine Tochter sind einzige Erben.

SEIDENSCHNUR. Intimo ex animo.

KRULL. Lateinisch! Abiturient?

SEIDENSCHNUR. Primanerzeugnis.

KRULL. Bravo!

SEIDENSCHNUR. Sie haben mit einem Worte auf die Albernheiten Fräulein Treus aus diesem Grunde Rücksicht zu nehmen. Ihr eigenes Urteil deckt sich nicht mit dem ihrigen?

KRULL. Keineswegs. Ich finde Ihre Bildchen Meisterwerke.

SEIDENSCHNUR. Damit ist meiner Ehre genuggetan. Wir sind einig. Ein für alle Mal diesen Handel aus der Welt.

KRULL. Handschlag; und ich bin Ihnen für die Zukunft verpflichtet.

SEIDENSCHNUR. Sehr erfreut, mich auf diese Weise in Relation mit Ihnen zu wissen.

KRULL. Ich hole Ihnen Ihr Eigentum zurück. *Ab in Elsbeths Zimmer.*

Dritter Auftritt

FANNY *tritt auf.* Herr Seidenschnur! So kann ich mich noch einmal für Ihre liebenswürdige Hilfe bedanken. Ohne Sie wäre ich auf der Treppe über meinen Stiefelriemen zu Fall gekommen.

SEIDENSCHNUR. Ich bin dem Schicksal dankbar, das mir vergönnte, sehe mehr als einen Zufall darin.

KRULL *tritt auf.* Hier sind die Bilder wieder.

SEIDENSCHNUR. Fräulein Treu als Lady Macbeth. *Er lacht.*

FANNY. Sie wissen?

SEIDENSCHNUR. Sie waren meine böse Fee.

FANNY. Missverstehen Sie mich nicht, die Bilder fand ich feinsinnig und großzügig.

KRULL. Sehr bedeutend. *Er geht an den Schreibtisch und arbeitet in den Büchern.*

SEIDENSCHNUR. Aber – *Er lacht.* Das soll begraben sein. Einen Herzenswunsch hätte ich dafür: Gnädigste ließen sich fotografieren und wischen so die mir angetane Schmach ab.

FANNY. Aus Dankbarkeit für den widerspenstigen Schuhriemen. Seidenschnur aîné ist mir aber zu teuer.

SEIDENSCHNUR. Ein Vergnügen würde ich mir daraus machen –
es gäbe keine wirksamere Reklame für meine Schaukästen als die
schöne Frau Fanny Krull. Meine Linse brennt darauf, Sie zu verschlingen, die bedeutende Linie Ihres Kopfes, den hinreißenden
Schwung Ihres Halses, Ihrer Figur festzuhalten. Wir armen Künstler,
die wir in so hohem Maß vom Modell abhängig sind! Was wäre
Phidias ...

FANNY. Ich weiß nicht recht.

KRULL. Das hieße eine Waldfläche von annähernd zwanzigtausend
Hektar. Kolossal!

FANNY. Heinrich, Herr Seidenschnur will vollkommen gratis Bilder
von mir machen. Die schöne Frau Krull als Reklame für seine
Schaukästen.

KRULL. Gut. Das macht, rechnet man auf den Hektar ...

SEIDENSCHNUR. Der Herr Gemahl ist einverstanden.

FANNY *zu Krull.* Hörtest du, was ich sagte?

KRULL. Natürlich, Puppe. Ja und Amen.

FANNY. Herr Seidenschnur soll ein Schürzenjäger, ein Don Juan sein.

SEIDENSCHNUR. Gnädigste, Scherz, hoffe ich.

FANNY. Heinrich!

KRULL. Hört, sie kommt zurück!

FANNY. Wer?

KRULL. Still! Irrte ich mich? *Er geht an die Tür hinten rechts, die er
öffnet.*

SEIDENSCHNUR. Darf ich hoffen, schönste Frau?

FANNY. Mein Mann bereut später seine Zusage.

SEIDENSCHNUR. Ihr Herr Gemahl versicherte mich gerade der Bereitwilligkeit seiner Dienste.

FANNY. In Bezug auf meine Person ist er heikel.

SEIDENSCHNUR. Ich flehe Sie an.

FANNY. Mein Gewissen rät mir ab.

SEIDENSCHNUR. Warnt Sie Ihr Herz?

FANNY. Welche Kühnheit. Gehen Sie.

SEIDENSCHNUR. Ohne Antwort vorläufig. Sie kann, sie darf nicht
»nein« heißen. Gnädige Frau. *Er verbeugt sich und geht. Als er an
Krull vorbeigeht, sagt er mit leichter Verbeugung.* Guten Tag.

KRULL. Guten Tag, Herr.

Seidenschnur ab.

KRULL. Es hat schwer gehalten, ihm sein Einverständnis zur Zurücknahme der Bilder abzutrotzen. Ein schwieriger Bursche. Was so ein Mensch einer Lappalie wegen für Mätzchen weiß, Rankünen spinnt.

FANNY. Ein Don Juan ist er. Kein Weib vor ihm sicher.

KRULL. Das versteht sich. Dagegen von ökonomischen Erwägungen keine Ahnung. Fotografen und Apotheker sind mir ein Gräuel.

FANNY. Aber ein hübscher Kerl.

KRULL. Ein Bild von einem Manne. Fertig damit. Und nun die große Überraschung: Wir sind's! Sind die Erben. Das Testament fand ich, den Entwurf. Schwarz auf weiß haben wir's: an sechstausend Mark Zinsen.

FANNY. Keinen Augenblick zweifelte ich daran. Wir sind nicht nur die nächsten, auch die einzigen.

KRULL. Dennoch ist das Faktum ein ander Ding als Aussicht, Hoffnung und Vermutungen. Lass dich umarmen.

FANNY. Findest du endlich wieder Zeit zu einem Kusse?

Krull küsst sie flüchtig.

FANNY. Freilich wird sie neben uns hundert Jahr alt werden.

KRULL. Mit einem Nierenleiden, ruinierten Bronchien ist sie gezeichnet. Aber ein ernstes Wort dazu.

FANNY. Ich weiß, was du sagen willst.

KRULL. Schließlich wirft sie uns ein Vermögen in den Schoß. Es ist nur recht und billig, sie hat dafür ein bedeutendes Äquivalent.

FANNY. Am liebsten verzichtete ich auf die ganze Erbschaft. Wie viel Jahre demütigen Wartens ...

KRULL *erregt.* Da hat man's! Einen so sündhaften Bafel spricht nur ein Weib. Das ist ungeheuerlich, widerwärtig, weil gegen die Vernunft.

FANNY *erschrocken.* Heinrich.

KRULL. Du du! Immer nur hast du dich im Maule. Du verzichtest, du magst nicht. Ja lebt denn nicht ein Kind, wenn du schon an mich nicht denkst, dessen Zukunft von mir aus nicht gesichert ist? Was in aller Welt besitzest du nur für Subsidien und Retraiten, um so obenhin auf ein über Erwarten bedeutendes Erbe verzichten zu dürfen? Rothschild, Donner und Doria, braucht auf niemand

Rücksicht zu nehmen, das wissen wir. Unsereinem sind cäsarische Instinkte untersagt. Wir müssen uns strecken und anpassen; das ist Weltordnung. Den habe ich gern, der gegen sie murrt. Welches Kapital von Schmeicheleien und Erniedrigungen habe ich an die wracke Fregatte gewandt, und bin ich weniger als du, mein Stolz geringer?

FANNY. Mit deinem Gehalt haben wir unser Auskommen. Deine Pension reicht für Lydia und mich.

KRULL. Ich also darf mich schinden, damit Madame ihren Stolz füttert. Gigantisch!

FANNY. Du kennst mich von Jugend auf, weißt, ich verkaufte meine Meinung nie. Nicht dem Vater, der meinen Trotz totschlagen wollte.

KRULL. Zu wenig hat er dich geprügelt!

FANNY. Heinrich!

KRULL. Zorn übermannt mich. Bei kärgster Nahrung, ohne Pflege verbrachte ich meine Jugend, mit Stipendien, Freitischen die Jugendzeit. Geschmeichelt, mich geduckt das ganze Leben. Von allen Menschen, die mir einen Bissen gönnten, verlangte das alte Frauenzimmer die geringste Gegenleistung.

FANNY. Warum bis jetzt?

KRULL. Warum?

FANNY. Weil ich bei dir stehe, schon zu Sidoniens Zeiten stand. Längst hätte sie dich verschlungen, fürchtete sie meine Krallen nicht.

KRULL. Sie achtet meine männlichen Überzeugungen.

FANNY. Ha!

KRULL. Nie hat sie etwas gegen meinen fertigen Willen gefordert, geschweige gegen Ehre und Reputation.

FANNY. Ahnte sie, ich wäre nicht zu Kampf auf Leben und Tod entschlossen an deiner Seite, sie zermalmte dich.

KRULL. Was heißen soll, ich stünde nicht selbst meinen Mann, ich sei zwischen euch beide als ein zuckender Fetzen Fleisch geworfen, um den ihr euch balgt? Habt ihr denn den Verstand verloren? Was schiert ihr mich? Das Maß meiner Gefühle für dich und sie ist in mein Ermessen gestellt.

FANNY. Ich liebe dich.

KRULL. Was bedeutet auf ihren letzten Grund zurückgeführt diese hundertmal repetierte Redensart? Zu deiner Wollust hast du deine Fänge in mich geschlagen und tust für mich – was? Antwort.

FANNY. Vor ihr schütze ich dich.

KRULL. Sie behauptet das Gleiche gegen dich. Irret euch nicht. Nicht sie, nicht du – ich selbst bin Anfang und Ende, dich und sie, tretet ihr mir ein Tittel zu nahe, zerschmettre ich.

FANNY. Die Kassette ...

KRULL. Hohoho die Kassette! Jede von euch trägt die ihre in aufgehobenen Händen, zeigt sie mir vom Morgen bis zum Abend und lockt damit: Komm, Kleiner, komm, hähähä. »Ich habe mein Medaillon verloren«, hähähä. Und ich bediene mich aus ihr. Aber kein Loch ist so tief, dass ich nicht durch den Boden auf mich selbst stieße.

FANNY. Sie überwältigt dich mit ihr, entwürdigt und entmannt dich.

KRULL. Welch groteske Einbildung. Weibchen ...

FANNY *außer sich.* Zurück! Ich hasse dich und sie.

KRULL. Gut. Aber zum letzten Male: Ruhe, Rücksicht, Schweigen.

FANNY. Erbschleicher!

KRULL. Willst du mich darum verachten?

FANNY. Bodenlos. Und es ihr beibringen.

KRULL. Wird sie mich darum verachten? Nein. Beides lässt mich kalt.

FANNY. Scheusal! *Sie stürzt hinaus und schlägt die Tür zu.*

KRULL. Weiber! Entweder sehen sie ein, sie hüpfen ihre Sprünge, von mir durchschaut, zu meinem Vergnügen mit meiner Genehmigung, oder der Teufel koche sie. Eigenwillen etwa, und die Scherze stellen Kabalen im eigenen Interesse dar, wäre nicht übel. Die Kassette – prächtiges Requisit. Nur weiter dafür sorgen, sie regt meine Fantasie an, macht mich ferner begehrlich. *Am Schreibtisch blättert er im Buche.* Nach so kaleidoskopischem Geschwätz ist ein Satz im Gesetzbuch Manna: »Die Forstwirtschaft in den Staatswaldungen hat die Nachhaltigkeit der Nutzung als obersten Grundsatz zu befolgen.« Ist das nicht glatt wie Kant als Basis, von einer grandiosen Gegenwärtigkeit des Lebendigen wie Goethe? Sollte man dem Gesetzgeber nicht die Füße küssen? Nachhaltigkeit der Nutzung als oberster Grundsatz. Zukunftssicher wie Gott selbst.

Und welch hoheitsvolles Verantwortungsgefühl! Ihr gabt uns euer Geld, sorgen wir also für alle Zeiten auf euer Interesse.

Köstlich! Das zerfließt auf der Zunge. Hier, Frauen, sind meine Wurzeln. An solche Geister lehne ich und bin an Seilen nicht, zöget ihr vereint daran, niederzureißen.

Oder: »Aufgabe der Forstwirtschaft ist es unter Berücksichtigung vorhandener Rechte höchstmöglichste Produktion zu erzielen.« Um hinzuschlagen. Unter Berücksichtigung vorhandener Rechte! Aufgepasst, Forstmeister, du willst dort Fichten schlagen; aber der Nachbar hat ein Recht auf den Schutz, den sie seinem Acker geben. Ist es grundbuchlich eingetragen? Es ist, Forstmeister. Absto. Bravo! Ich habe die Ehre. Hallodriholdriho … hallodriho …

Vierter Auftritt

ELSBETH *tritt auf.* Du bist bei Laune. Die Krankheit völlig überwunden?

KRULL. Krankheit bah! Mein Organismus geht in stählernen Scharnieren. Ich bin ungebärdig wie ein Waldtier. Huhuhu! *Er springt auf sie zu.*

ELSBETH. Was sind das für neue Faxen?

KRULL. Schwinge mich in Freiheit dressiert von Ast zu Ast, fauche Boreas aus Erdschlünden.

ELSBETH. Da du so frisch bist, scheinst du meine Ratschläge betreffs Fanny befolgt zu haben.

KRULL. Vielleicht ein wenig.

ELSBETH. Scherz beiseite. Seidenschnur?

KRULL. Hin. Tot auf der Strecke.

ELSBETH. Verzichtet auf Bezahlung?

KRULL. Radikal. Ein Bild von einem Kerl übrigens. Don Juan und Schürzenjäger ersten Ranges, versteht sich.

ELSBETH. Deine Frau stand gestern bei ihm auf der Treppe. Sie ist leichtsinnig. Hast du den Fall im Auge, da sie als junges Mädchen eine Nacht aus dem Hause blieb, weil du sie gekränkt hattest? Als sie Zuflucht bei deinem Freunde Bilse nahm?

KRULL. Dieser Bilse aber, keusch wie Josef, richtete eine Lilie neben der Jungfrau auf und verhüllte seine Lenden.

ELSBETH. Du bist nicht bei Trost. Hat deine Versicherung, Seidenschnur verzichtet, in solchem Zustand abgegeben, überhaupt einen Wert? *Sie geht in ihr Zimmer, dessen Tür sie offen lässt.*

KRULL. Versteht sich. Wenn es auch teuflisch schwer hielt, ihm sein Einverständnis abzutrotzen. Ein querulanter Bursche; man glaubt nicht, wie grob ich werden musste, wie drohend zum Schluss. Fotografen und Apotheker sind mir ein Abscheu. Vix me retineo.

ELSBETHs *Stimme.* Aber wo sind denn die Bilder?

KRULL. Wer?

ELSBETH *in der Tür.* Die Bilder aus meinem Schreibtisch heraus! Frag Emma.

KRULL. Aber ...

ELSBETH. In der mittleren Schublade lagen sie. Niemand kommt sonst ins Zimmer.

KRULL. Aber die Bilder sind doch ...

ELSBETH. Wie?

KRULL. Hat doch Seidenschnur.

ELSBETH. Was?

KRULL. Selbstverständlich.

ELSBETH. Das ist Diebstahl. Aus dem Schreibtisch heraus – Einbruch!

KRULL. Aber verehrte Tante ...

ELSBETH. Wer hatte die Stirn, an meine Sachen zu rühren?

KRULL. Erklärlicherweise musste Seidenschnur ...

ELSBETH. Seidenschnur? In meinen Kästen herumwühlen? Er also!

KRULL. Nicht er. Ich sagte ...

ELSBETH. Du sprachst doch ...

KRULL. Meinte, er habe sich bereit erklärt ...

ELSBETH. Die Bilder aus verschlossener Schublade zu stehlen?

KRULL. Der Schlüssel steckte. Ohne Bezahlung sie zurückzunehmen. Und nach dieser Erklärung war es selbstverständlich, ich lieferte ihm sein Eigentum aus.

ELSBETH. Du? Du selbst wagst dich an meine privatesten Angelegenheiten, stöberst in meinen Geheimfächern herum? Ah, nun bin ich berichtet, habe ich ein Bild. Vor den nächsten Verwandten kann man demnach den Schlüssel nicht mehr stecken lassen. Seit Langem kam es mir schon vor, du spürst meinen Handlungen nach, siehst dich noch in meiner schmutzigen Wäsche um; endlich habe ich den Beweis in Händen.

KRULL. Nimm dich in Acht, du bringst einen Frommen zum Rasen.

ELSBETH. Wer gab Befehl, die Bilder auszuliefern?

KRULL. Herrgottsakrament, du wolltest sie doch nicht bezahlen.

ELSBETH *lacht auf.* Hat man solchen Unsinn je gehört? Natürlich nicht bezahlen. Aber was soll der Kerl mit dem für ihn unbrauchbaren Plunder? Der subalternste Verstand hätte die Makulatur ohne Weiteres aus ihm herausgehandelt.

KRULL. Was kann dir an Bildern liegen, die dich als Schlampen, als Kokotte darstellen?

ELSBETH. Die Worte stammen von dir und sind in Verbindung mit mir gebrauchte Rüpeleien.

KRULL. Du sagtest: ein Mensch von der Straße.

ELSBETH. Mit einem Wort: Du tust mir leid. In unerhörter Weise hast du deine Befugnisse überschritten, mein Vertrauen getäuscht, mich nachdrücklich geschädigt. Deine Motive, den ganzen Handel mag ich nicht mehr mit ansehn.

KRULL. Ich auch nicht, ich auch nicht länger!

Sie stehen dicht beieinander

ELSBETH. Was wagst du?

KRULL. Doch an meine Freiheit heran, also doch? Da reißt du mir die Zunge mit einem Male aus dem Maule, die Galle aus den Eingeweiden hoch. Deine Bosheit ist grün.

ELSBETH. Das soll ...

KRULL *mit erhobenen Armen.* Ein Konglomerat von Giften presst du in dein Opfer und sperrst Nüstern und Augen auf, speit der verreckende Kadaver seine Jauche über dich. *Er packt sie bei den Schultern.*

ELSBETH *zischt.* Meine Bilder will ich diesen Abend noch!

KRULL *schüttelt sie hin und her.* Den Schädel schlage ich, Spinne, dir ein.

ELSBETH *keuchend.* Heute noch die Bilder ...

KRULL. Durch die Luft schleudere ich dich, zermalme dir die Knochen, Natter!

ELSBETH. Bilder!
KRULL *keucht.* Bestie!

> *Er lässt sie los. Sie stehen einen Augenblick sich wortlos mit aufgerissenen Augen gegenüber, dann entläuft Elsbeth in ihr Zimmer, das sie von innen zuschlägt.*

KRULL *fällt in einen Stuhl, bleibt dort wie betäubt; schließlich schüttelt er sich, steht auf und sagt.* Possierliche Tierchen. Kuranzen muss man sie. *Geht zu Fannys Schlafzimmertür, in die er hineinruft.* Fanny!

Fünfter Auftritt

FANNYs *Stimme.* Ich mag nicht mehr ins Theater.
KRULL *in der offenen Tür.* Theater gibt es im eigenen Hause reichlich. Du holst die Bilder von Seidenschnur zurück.
FANNYs *Stimme auflachend.* Ich?
KRULL. Weiß der Teufel, was mir beifiel, sie dem Kerl zurückzugeben.
FANNYs *Stimme immer lachend.* Ich zu Seidenschnur?
KRULL. Sofort. Liste, trotze, bettele sie ihm ab. Ich will nichts darüber hören und atme erst wieder, sehe ich sie in deiner Hand.
FANNY *erscheint in der Tür.* Zu Seidenschnur – ich in die Wohnung? Diesem ...
KRULL. Don Juan – ich weiß. Er wird dir nicht an der Flurtür in den Schoß fallen.
FANNY. Nie!
KRULL. Hast du den Verstand verloren? Sie will sie wiederhaben. Du siehst mich in Verzweiflung fliegen, Worte gehorchen mir kaum noch. Hinaus, hinauf!
FANNY. Um alles in der Welt nicht.
KRULL *außer sich.* Soll ich dich also an den Haaren hinschleifen? Mich vor deinen Augen in dieser Ecke aufhängen? Spielst du mit einem, der seiner Sinne nicht mehr mächtig ist?
FANNY. Ich ... zu ihm? Muss er nicht glauben ...

KRULL *schreit auf.* Himmel, Hölle, Erde! Mag er bis zur Bewusstlosigkeit glauben. Aber die Bilder herausgeben, die Bilder! *Er hat sie eng an die Ausgangstür gedrängt.*

FANNY. Er wird mich ...

KRULL. Mich, immer noch mich! Und ich verrecke im Irrsinn! Hinauf!

FANNY. Heinrich ...!

KRULL *unwiderstehlich mit erhobener Faust.* Vorwärts!

Fanny in der schon offenen Tür.

KRULL. Alles dransetzen. So schnell wie möglich zurück sein!

Fanny ist in der Tür verschwunden, die hinter ihr zufällt.

KRULL. Bande! Kuranzen! *Er eilt an Elsbeths Tür und klopft.* Öffne. Öffne! *Da keine Antwort erfolgt.* Die vorgeschriebene Ziererei. Tante, Wichtiges!

Sechster Auftritt

ELSBETH *öffnet.* Du hast die Stirn?

KRULL. Die Bilder, was entscheidender ist. Seidenschnur hat sie noch für heute Abend zugesagt. Was aber in aller Welt war das für ein lächerlicher Tanz, den wir grade aufführten? Waren wir nicht bei Verstand?

ELSBETH. Du bestimmt nicht.

KRULL. Braucht es dergleichen zwischen Menschen, die sich mögen und brauchen? Mach dir nichts weis, Tantchen. Warum willst du in verschlossenem Zimmer erst die dornenvolle Komödie bis zur Versöhnung spielen, vielleicht ohne Abendbrot? Ich reiche dir über den Abgrund die Hände. Wir profitieren beide.

ELSBETH. Bist du zur Besinnung gekommen?

KRULL. Zu vollkommener Einsicht. Alle billige Dämonik ist fortgeblasen. Du durchschaust mich, und ich schäme mich meiner letzten Gedanken nicht mehr. Ist auf dieser Basis kein Zusammenleben möglich?

ELSBETH. Werden wirklich alle Konsequenzen gezogen ...?

KRULL. Feierlichstes Versprechen, das sich selbst garantiert, weil aus deiner Erbarmungslosigkeit kein Entrinnen möglich wäre.

ELSBETH. Ich will den Genuss aus meinem Reichtum.

KRULL. Kein entschlossenes Gemüt verzichtete darauf. Nicht Niedrigkeit der Gesinnung ist es, concidiere ich ihn, aber Vernunft, Einordnung in die Weltgesetze.

ELSBETH. Gelten muss ich in diesem Hause.

KRULL. Einhundertvierzigtausend Mark sind in mein Hirn eingeätzt und drücken fortan auf die Waage der Entschließungen.

ELSBETH. Ich sage nicht nur: viel Geld. Wir begreifen es auch. Ein Kleid kostet achtzig, ein Pferd achthundert, achttausend Mark ein Häuschen ungefähr.

KRULL. Will man sich ein wichtiges Buch kaufen: zwanzig Mark – man hat sie nicht.

ELSBETH. Eine Vorstellung sehen, eine Reise machen … Zu alledem fehlten im Leben immer nur ein paar Hunderter.

KRULL. Basta! Nichts weiter nötig. Ich habe den Sinn für Tatsachen.

ELSBETH. Und zwar: Du sollst die Kassette an dich nehmen, in Zukunft in Verwahrung halten.

KRULL. Dein Ernst?

ELSBETH *geht in ihr Zimmer, kommt mit der Kassette wieder und gibt sie ihm.* Aber den guten Rat: Verbirg sie vor deiner Frau. Die gute Seele möchte, da ihr tiefere Überlegungen fern sind, Anstoß nehmen.

KRULL. Natürlich vor jedermann und vor ihr besonders. Außerdem würde sie, da das Geld aus ihrer Familie stammt, sie als ein Gewicht für ihre Person in Anspruch nehmen, und ihre Eitelkeit kennte keine Grenzen. Mir, nicht ihr überantwortet sie das Vertrauen der Besitzerin. Haha, ein gutgemachtes Schmiedestück, eine vortreffliche Kassette! Intarsien sogar daran.

ELSBETH. Und hier der Schlüssel, den du mir zurückgibst. Könntest du, am besten jetzt gleich, ein Verzeichnis der Nummern der Papiere für mich aufnehmen?

KRULL. Mit wirklich aufrichtigem Vergnügen. Ich schließe mich in mein Schlafzimmer ein. Käme Fanny, hältst du sie zurück.

ELSBETH. Einen göttlich schönen Busen soll sie haben?

KRULL *mit der Kassette beschäftigt.* Wie sie schnappt! Hofkunstschlosser! Das sieht man ihr an. Also Nummern, Anzahl der Coupons, ein bisschen ausführlich das Ganze. Mit Vergnügen. *Er geht in sein Schlafzimmer. Man hört, wie er sich einschließt.*
ELSBETH *schaut auf ihre Taschenuhr.* Es klappte etwa auf die Minute.

Man hört draußen klingeln. Elsbeth geht hinaus, zu öffnen.

Siebenter Auftritt

Elsbeth und Notar Dettmichel treten auf.

ELSBETH. Guten Tag, mein lieber Herr Notar. Wollen Sie Platz nehmen. Meine höchst schwankende Gesundheit ...
DETTMICHEL. Aber aber ...
ELSBETH. Leider – Anfall auf Anfall – lässt es rätlich erscheinen, dem Tode doch näher ins Auge zu sehen.
DETTMICHEL. Aber aber ...
ELSBETH. Gehen wir direkt ans Geschäft. Ich diktiere Ihnen.
DETTMICHEL. Und Sie wollen von dem mir mitgeteilten Vorhaben auch in letzter Stunde nicht abstehn?
ELSBETH. Nein.
DETTMICHEL. Nicht wenigstens warten, bis ...
ELSBETH. Nein.
DETTMICHEL. Aber aber!
ELSBETH. Ich, Elsbeth Treu ...
DETTMICHEL *schreibt.* Treu ...
ELSBETH ... hinterlasse ein bewegliches Vermögen von hundertundvierzigtausend Mark, das ich mit Umgehung meiner Nichte Fanny Krull, geborene Remmele, zu Händen des Herrn Pfarrers Stramm von Sankt Margarethen hier, unserer alleinseligmachenden Kirche hinterlasse.
DETTMICHEL. Aber aber!
ELSBETH. Diese einstweilige Verfügung verpflichte ich mich, unmittelbar nach Rückkehr des Herrn Pfarrers von seinem derzeitigen Urlaub durch einen Erbvertrag zwischen ihm und mir zu ersetzen.
DETTMICHEL. Also wirklich?

ELSBETH. Wirklich. Verwandte, mein lieber Herr Notar, sind zu Lebzeiten etwas so Widerwärtiges, dass der Verkehr mit ihnen durch den Tod ein für alle Mal geendet sein muss.

DETTMICHEL. Aber aber!

ELSBETH. Aus meines Lebens Verlauf bin ich im Innersten ohne Zusammenhang mit den Menschen gewesen. Beim Tode meiner Eltern riss das letzte Bändchen, das mich in einer menschlichen Gemeinschaft hielt.

Unterschrift: Elsbeth Treu am fünften April.

DETTMICHEL. Mir der Person nach bekannt; Dettmichel, Notar; Siegel.

Der vierte Aufzug

Erster Auftritt

LYDIA *steht an der offenen Balkontür und sieht hinaus.* Der Verwegene! Sähe ihn jemand, ich wäre vor Scham verloren.

SEIDENSCHNUR *erscheint draußen auf dem Balkon.* Ein veritabler Strick half mir bis auf einen Meter zu dir. Ein Sprung dann Schnutchen ... kalt weht es.

LYDIA. Mein Held!

SEIDENSCHNUR. Der Mond scheint hell. In solcher Nacht wie dieser, da linde Luft die Bäume schmeichelnd küsste, erstieg wohl Troilus die Mauern Trojas.

Nun musst du antworten:

In solcher Nacht stahl Jessika sich von dem reichen Juden.

Und dann ich wieder:

In solcher Nacht schwur Seidenschnur ihr jung und zärtlich Liebe. Kuss! *Er küsst sie.*

LYDIA. Ist das Schiller?

SEIDENSCHNUR. Doch horch, ich hör den Fußtritt eines Mannes.

LYDIA. Still!

Sie lauschen.

SEIDENSCHNUR. Keiner kam, nur einer ging. In solcher Nacht – sind nicht alle guten verliebten Geister mit uns wach? Romeo und Julia, wo auch ein Balkon vorkommt. Wie warm du bist!

LYDIA. Gerade aus dem Bett sprang ich. Zu dir!

SEIDENSCHNUR. Liebes Mädchen.

LYDIA. Das Herz stand mir im Hals. Nebenan schläft Tante. Als ich über die Schwelle trat, knarrte sie.

SEIDENSCHNUR. Oben quietschte mein Fensterriegel.

LYDIA. Wir müssen entfliehen. Fort von allen Menschen in die Einsamkeit.

SEIDENSCHNUR. Später. In der stillen Zeit; während der Saison habe ich zu viel zu tun. Natürlich frage ich nicht viel danach, aber grade in den ersten Jahren darf man nicht auslassen.

LYDIA. Auf eine einsame Insel.

SEIDENSCHNUR. Wie bist du mollig, wie rund.

LYDIA. Eine Äolsharfe hinge in den Bäumen. Einmal hörte ich eine in einem Park mit Pfauen und Teichen, unbeschreiblich war es, Alfons.

SEIDENSCHNUR. Wiener Figur bist du. Das ist mein Fall. Besser als auf eine Insel gingen wir nach Paris, wo man unter Millionen in einem Hotel für die Menschheit verschollen ist, auf den Boulevards, à travers les Champs Elysées.

LYDIA. Boulevards! O mein Himmel. Bist du glücklich wie ich?

SEIDENSCHNUR. Rasend. Zum Verrücktwerden, Schnuck. Du strömst eine Wärme aus, die mir wunderbar einheizt.

LYDIA. Sag noch Poetisches wie vorhin.

SEIDENSCHNUR. Wollen wir singen?

LYDIA. Dass alle Welt zusammenliefe.

SEIDENSCHNUR. Trillere ein Tonleiterchen. Dein Sopran regt mich auf.

LYDIA. Jeder hörte mich.

SEIDENSCHNUR. Ein F, ein Fis! Ein Königreich für ein Fis.

LYDIA *an seinem Halse.* Süßer, Unsinniger!

SEIDENSCHNUR. Öffne das Schnäuzchen, zirpe, säusele es, aber lass dich vernehmen. Ach deine gewölbte Zunge, ovaler Mund; stoß es aus ihm heraus.

LYDIA *singt leise einige Töne.*

SEIDENSCHNUR. Wie mich das rasend macht! *Er umarmt sie.*

LYDIA *hingerissen.* Geliebter!

SEIDENSCHNUR. Pussel!

Da man Schritte hört, zieht Seidenschnur Lydia auf den Balkon.

Zweiter Auftritt

KRULL *tritt auf, sieht sich vorsichtig nach allen Seiten um, schleicht durch den Raum zu seinem Schreibtisch, den er aufschließt, und zieht die Kassette heraus.* Es ist der beste Platz nicht. Eher wieder tagsüber hinter den Sekretär. Bevor das Haus nicht auf ein paar Tage leer wird, ich in der Mauer einen sicheren Platz schaffen kann, ist an eine wirkliche Beruhigung nicht zu denken. Sie ahnt auch schon; seit Tagen sehe ich ihr Auge hinter mir herglänzen. Mein Geheimnis möchte sie mir von der Stirn lesen. Aber eher rissest du mir Eingeweide aus dem Leib. Im Bett allein, nachts habe ich dich, besitze ich dich in Ruhe. *Er geht mit der Kassette in sein Schlafzimmer.*

Dritter Auftritt

ELSBETH *kommt gleich darauf aus ihrem Zimmer, huscht zum Schreibtisch, den sie aufschließt.* Er wandelt wieder mit ihr, wandelt … Da lässt sich's schlafen. *Die Hände reibend, geht sie in ihr Zimmer zurück.*

Vierter Auftritt

SEIDENSCHNUR. Geht denn hier nachts das ganze Haus spazieren?
LYDIA. Die Kassette – sahst du sie?
SEIDENSCHNUR. Er murmelte über sie, drückte sie an sich. Was ist mit ihr, in ihr?
LYDIA. Tantes Vermögen, das er verwaltet. Es soll viel größer sein, als wir alle vermuten.
SEIDENSCHNUR. Richtig. Er sprach von bayerischen Papieren.
LYDIA. Sie hat Schätze aufgehäuft.
SEIDENSCHNUR. Die alte Ratte. Ihr seid also – du bist reich?
LYDIA. Mit deiner Liebe bin ich's.
SEIDENSCHNUR. Ich in deiner.

Umarmung.

LYDIA. Ich will ins Bett zurück. Vater wird wiederkommen. Lebe wohl, mein Held. Wie sagtest du das erste Mal, als du von mir gingest?

SEIDENSCHNUR. Schnute.

LYDIA. Ein Fremdwort, weil ich eine Individualität sei.

SEIDENSCHNUR. Individuum?

LYDIA. Ich hab's vergessen. Leb wohl. Wie kommst du wieder hinauf?

SEIDENSCHNUR. Abermals per Strick.

LYDIA. Still!

Sie treten auf den Balkon zurück.

Fünfter Auftritt

FANNY *im Nachtkleid tritt auf, geht an Krulls Zimmertür und sieht durchs Schlüsselloch.* Licht! Wieder sitzt er aufrecht, stiert auf das Ungeheuer, das seitdem meinen Platz in seinem Bett einnimmt. Ich bin von einem Weibe erwürgt, das stärker war. Mit jeder anderen hätte ich mich messen können, nicht mit dieser, die ihn fester packte als die Schönste es vermochte.

Sie setzt sich auf einen Stuhl neben der Tür.

Er sieht mich nicht. Kein noch so keck gebotener Anblick von mir schlägt mehr Funken aus ihm. Hin, alles verloren. Aber mit dreißig Jahren ist man nicht gestorben, was tue ich mit meinem Leben, was mit mir?

Sie sieht wieder ins Schlüsselloch.

Grau scheint er geworden. Warst du nicht jünger, als du vor wenigen Wochen mit Ungestüm mich begehrtest, rasend mich besaßest? War das ein anderer Mann? War ich, war er verzaubert? Was soll ich tun? Ich bin dir ja nicht gram ... nur hungrig.

Sie geht in ihr Zimmer zurück.

Sechster Auftritt

SEIDENSCHNUR. Schnell in dein Stübchen! Wirklich, es ist heute unruhig hier.

LYDIA. Jetzt habe ich's: Nirwana.

SEIDENSCHNUR. Durch und durch bin ich gefroren.

LYDIA. Wärmte ich nicht?

SEIDENSCHNUR. Anfangs. Geh jetzt. Gefahr in Verzug. Und sieh unbedingt zu, was du von der Kassette Näheres erfahren kannst.

Sie küssen sich, und Lydia schlüpft in ihr Zimmer.

SEIDENSCHNUR. Ein wahrhaft göttliches, hoheitsvolles Weib, diese Fanny.

FANNY *kommt wieder.* Ob ich's zum letzten Male versuchte, auf den Knien ihn um mein Recht, meinen Platz bäte? *Am Schlüsselloch.* Nein! Dieser Mann ist kein Liebhaber.

Seidenschnur tritt heftig an sie heran. Fanny tut einen erstickten Schrei.

SEIDENSCHNUR. Schweigen Sie, schweigen Sie endlich. Lügen Sie mir nicht wieder Ihre Liebe zu diesem sonderbaren Heiligen ins Gesicht. Nichts mehr davon! Gott machte mich zum Mitwisser, Fanny. Fragen Sie nicht, keine Silbe ...

FANNY. Sie kamen ...?

SEIDENSCHNUR. Am Strick zum Fenster herunter über den Balkon geflogen. Ich liebe Sie, glühe, überströme von Glück, Regungen meiner Sinne.

FANNY. Die Kassette ... Sie wissen?

SEIDENSCHNUR. Alles!

FANNY. Er betrügt mich mit ihr, hat meine Liebe im Kelch erschlagen.

SEIDENSCHNUR. Mehr. Ein tönerner Koloss, ein Irrsinniger!

FANNY. Mein junges Herz erwürgt. Ich muss leben!

SEIDENSCHNUR. Geliebte. Man kommt. Ich bin verloren. Verbirg mich.

Beide schnell in Fannys Zimmer.

Siebenter Auftritt

KRULL *tritt auf, eine Laterne in Händen. Er tritt an Fannys Tür.* Sie ist wach. Drinnen keine Sicherheit, keine Ruhe. Sie käme mir ans Schlüsselloch und belauschte mich. Besser sitze ich hier und habe, erscheint sie, an meinem Schreibtisch bequeme Ausreden.

Er setzt die Kassette auf den Schreibtisch, öffnet sie und lässt das Laternchen erglühen.

Den Schlüssel ließen wir von einem geschickten Meister kopieren, er öffnet lautlos. Erstaunlicher Vorgang, Rollen gemünzten Goldes in Papiertafeln verwandelt zu sehen, für deren Verzinsung der Staat ein Heer von Beamten hält. Warum benutzt er als Unternehmer die Kräfte dieser Männer nicht selbst zu unabhängiger Arbeit, bezahlt sie aus dem Erlös und steckt den Überschuss ein? Warum beteiligt er neben der Gesamtheit seiner Bürger auch noch jeden Fremden, der die Papiere will, und hebt, da jeder an sein Geschäft, sein Vermögen eng gebunden ist, den politischen Begriff des Staates auf? Millionen dieses Papieres stecken in Frankreich, Abermillionen französischer und russischer Rente bei uns. Sind Deutsche an einem russischen Kriege unbeteiligt, zittern sie nicht um den Waffenruhm des Zaren, mit wem er auch kämpft? Welche Kontreminen der Staatsregierungen gegen vaterländisches Gefühl! Welcher Riss durch das Empfinden ihrer vermögenden Bewohner! Und ferner: Der so von politischer Einheit schon abgewendete Bürger, wird er im Gefühl einer großen Sammlung, das er sonst noch in sich errichten könnte, nicht völlig zerstört und zerrüttet durch die Unzahl anonymer Gesellschaften, denen er die Reste seiner Habe anvertraut? Bin ich nicht mit jeder Aktie eines Werkes an dieses gebunden, ist nicht mein ökonomisches Interesse nach allen Seiten hin vollständig zersplittert? Was habe ich schließlich für ein Geschäft? Ich muss doch, bin ich für meine Familie gewissenhaft, von Gummi, künstlichen Fetten und tausenderlei anderm das Genaueste wissen. Kann ich das, gäbe es eine Möglichkeit, ich wäre Politiker, Seifensieder, Maschinenbauer, Elektroingenieur und Margarinewisser zu gleicher Zeit neben meinem wirklichen Beruf als Lehrer, Arzt, Anwalt und was sonst, versteht sich? Ein Schwindliger bleibe ich, mit geblendetem Blick schaue ich rückwärts auf die Basis meines Vermögens. Wache Nächte orientieren mich nicht um ein Haar über seinen soliden Wert. Stark aber, voll Hochgefühls werde ich, strecke ich aus den Schein des Ansehens, das der Besitz verleiht, vorwärts in die Welt meine Fänge gegen die Menschen und lasse sie aus ihrer Demut vor der Chimäre tanzen.

Mit den Veitstänzen der Hablosen, Habgierigen, mit dem Festgebrüll der Unwissenden und Hungerigen um mich, lasse ich die stündliche Angst um die Unsicherheit meines Besitzes mir betäuben. Deine Politik, gute Tante, ist bewundernswert. Denn ob Bayern, ob Elektrizitätsaktien – das Wesen deines Schatzes bin ich, und die ganze Frage ist, amüsieren dich meine Kapriolen hinreichend zu vier Prozent? Aber ich schwöre mit der Kraft meiner ganzen Seele: Nicht vergeblich erkannte ich das; ich bleibe nicht müßig, sondern folge dir; und mein ganzer Stolz soll sein, wo du nur mäßig genießt, muss mein Genuss an meinen Objekten über alle Grenzen unmäßig werden. Aus einer Vergangenheit von dreißig Jahren in künstlicher Demut wuchs der Wille, die Menschen zu meiner Wollust auszubeuten. Was rührt sich?

Er tritt an Fannys Tür zurück.

Bist du unruhig, arme Seele? Fühlst dich einsam und verlassen?

Mit ausgebreiteten Armen gegen die Tür gelehnt.

Wäre dein Wesen mir fremder, deine Art bedeutender, du mir wesentlicher für das Bild der Welt, von dir zuerst wollte ich Besonderheiten fressen, deine Ausstrahlungen und Dünste in mich saugen, doch du bist – im zweiten Aufguss bedenke! – mir zu lächerlich vertraut. Andere, andere kommen vor mich.

Er schließt die Kassette ein, dann zur Tür der Tante gewendet.

Gute Nacht, kleine schüchterne Rentiere. Zwanzig, fünfzig Prozent Dividende will ich! Meine Leute sollen Kopf stehen. Prostitution hahahahah!!

Er geht in sein Zimmer.

Achter Auftritt

Gleich darauf steckt Fanny den Kopf zur Tür heraus, dann erscheint Seidenschnur; Fanny verschwindet, Seidenschnur läuft zum Balkon, sucht sich am Strick hochzuziehen und fällt plötzlich mit Geräusch zu Boden.

KRULL *kommt wieder und findet ihn.* Ha! Herr, was ist das, wen suchen Sie?

SEIDENSCHNUR. Ich bitte Sie um die Hand Ihrer Tochter. Erstaunen, wundern Sie sich nicht. Um meiner Forderung nach dem Besonderen bei so hohem Anlass Genüge zu tun, musste ich auf diesem Wege kommen.

KRULL *betrachtet ihn sehr aufmerksam.* Sie riechen förmlich nach Romantik. *Nach einer Pause langsam.* Mit der Fantasie des anderen lässt sich im Leben viel anfangen. Bravo! Die Sache wird sich mit Ihnen möglicherweise machen lassen. Treten Sie näher, junger Mann.

Der fünfte Aufzug

Erster Auftritt

Alle sitzen um den Tisch.

SEIDENSCHNUR. Von Paris über Marseille nach Genua, das auf Lydia
 einen erschütternden Eindruck machte.
LYDIA. Aber in Genua, Schatz, hatte ich meine Migräne.
SEIDENSCHNUR. Und dann Florenz! Endlich Florenz ...
LYDIA. Erzähle, wie der Apotheker mir statt eines zehntels ein viertel
 Gramm Kalomel gibt und die Folgen mich ...
SEIDENSCHNUR. Davon später. Kurz, für den Kulturmenschen heißt
 es: Florenz sehen und sterben. La fiorenza. Botticelli, Raffael und
 vor allen Michelangelo il divino. Ich habe, das darf ich wohl sagen,
 entscheidende künstlerische Anregungen empfangen. Davon später.
LYDIA. Ich hatte zu viel Falerner genascht ...
SEIDENSCHNUR. Chianti, Taube.
LYDIA. Bei meiner schwachen Konstitution – ihr könnt euch die
 Folgen denken.
KRULL. Mit all diesen Sachen, Chianti, Kalomel muss die Reise ein
 gehöriges Stück Geld verschlungen haben.
SEIDENSCHNUR. In der Tat. Doch davon später. Ich habe, das muss
 ich sagen, entscheidende künstlerische Anregungen empfangen.
ELSBETH. Sind die durchreisten Gegenden erschöpfend von Ihnen
 fotografiert worden?
SEIDENSCHNUR. Nur wenige Aufnahmen wurden gemacht. In freier
 künstlerischer Atmosphäre war mir der Beruf zum Ekel, stand
 meine Sehnsucht nach Höherem.
ELSBETH. So so.
KRULL. Aha!
SEIDENSCHNUR. Das ist, was ich mitbringe. *Er breitet einige Fotografien auf den Tisch.*

*Fanny und Lydia haben sich erhoben und sind an die
entgegengesetzte Zimmerseite getreten.*

FANNY *halblaut.* Wie steht es sonst mit dir?

LYDIA. Er ist so brutal.

FANNY. Hintergeht dich?

LYDIA. Ja. Und in Umständen bin ich dazu.

FANNY. Hast du Beweise für seinen Betrug?

LYDIA. Er erzählt mir's selbst. Maler will er jetzt werden und braucht es zu seiner künstlerischen Anregung.

SEIDENSCHNUR. Alles in allem war die Reise ...

KRULL. Künstlerisch entscheidend für Sie.

FANNY. Mit was für Frauen?

LYDIA. Allerhand möglichen. Dazu meine Migräne.

FANNY. Komm hinein!

Sie gehen in Fannys Zimmer.

KRULL. Sie sind, lieber Sohn, auf unsere Kosten tüchtig herumgefuhr-werkt. Wir erwarteten längere Briefe, hofften, Ihre Fantasie würde uns zwei schöne Länder, die Sie sahen, von fern intensiv mitgenie-ßen lassen.

ELSBETH. In der Tat.

KRULL. Sie haben uns nicht gefüttert.

SEIDENSCHNUR. Ich war mit mir selbst und meinen seelischen Er-lebnissen zu außerordentlich beschäftigt.

KRULL. Aus Ihrer romantischen Veranlagung lassen sich hübsche Überraschungen hoffen. Bisher war unsere Ausbeute mager. Hof-fentlich haben Sie heute einen tüchtigen Schuss auf der Pfanne.

SEIDENSCHNUR. Wie meinen Sie das?

KRULL. Was Sie des Öfteren von künstlerischen Anregungen, inneren Erschütterungen verlauten ließen, hat sich wohl zu einer Art Ent-schluss verdichtet, der uns besser als Briefnotizen den inneren Menschen während der Fahrt zeigt. Wir sind gespannt.

SEIDENSCHNUR. Sie verwirren mich.

KRULL. Warum?

SEIDENSCHNUR. Gibt es Umsturz und Entwicklung in mir, bleibt das wohl meine Angelegenheit.

KRULL. Wir sind anderer Intention.

SEIDENSCHNUR. Ja, aber ...

KRULL. Als Sie mir nachts auf den Balkon fielen, berührte mich das Volumen Ihrer Einbildungskraft. Sie war es auch, die ich für Sie bei Fräulein Treu in die Waagschale warf.

ELSBETH. In der Tat.

KRULL. Und räumte Ihnen einen günstigen Platz in dem Bild, das wir uns von der Welt machen, ein. Nun dürfen Sie nicht plötzlich auslassen wollen.

SEIDENSCHNUR. Zum Teufel, das ist ein Angriff auf meine Freiheit.

ELSBETH. Hihihi!

KRULL. Hahaha!

ELSBETH. Wir sind, lieber Heinrich, in dieser Angelegenheit wieder einmal so übereinstimmender Ansicht, dass es genügt, einer von uns verständigt sich mit Herrn Seidenschnur.

KRULL. Vollkommen.

ELSBETH *erhebt sich.* Auf Wiedersehen, Heinrich.

KRULL *küsst sie auf die Stirn.* Schönen Guten Abend, beste Tante.

Elsbeth geht in ihr Zimmer.

KRULL. Zur Sache! Wir finden Ihr Leben mit den hübschen Impromptus, die wir von Ihnen kennen, so anziehend, dass wir ein Augenmerk auf Sie haben. Sie sind quick, hurtig. Finden Entschlüsse, an denen man sich wohl erfreuen kann.

SEIDENSCHNUR. Aber ich bin nicht zu Ihrem Vergnügen auf der Welt.

KRULL. Man muss älter sein als Sie, um Beziehungen von Mensch zu Mensch im Kern erkennen zu können. Halten wir uns an das äußerlich Sichtbare. Kurz, Sie revoltieren?

SEIDENSCHNUR. Herausgehoben aus täglichen Zwängen erkannte ich meines Lebens Notdurft.

KRULL. Nicht übel. Ferner?

SEIDENSCHNUR. Einfach: Ich habe die Sklaverei satt – will Maler werden.

KRULL. Ausgezeichnet. Eine verblüffende Konstellation, Komplikation Ihres Schicksals. Sie haben keine Ahnung, junger Mann, wie diese an sich lächerlich unbedeutende Situation durch mich zu höchster Prägnanz erhoben wird.

SEIDENSCHNUR. Zum Teufel die Spitzfindigkeiten. Ich will nichts als Ihre Meinung.

KRULL. Mein Sohn – himmlisch, mein Sohn!

SEIDENSCHNUR. Lassen Sie das. Also?

KRULL. Heftigster Widerspruch meinerseits.

SEIDENSCHNUR. Was?

KRULL *amüsiert*. Aber das versteht sich, aber natürlich. Nicht nur aus Gründen, die Sie verstehen können, weil ich Vater bin und Ihr Geschäft meine Tochter ernährt ...

SEIDENSCHNUR. Herr, das ist?

KRULL. Sie sind wundervoll. Seien Sie ehrlich: Nicht einmal aus Ihrer Wurmperspektive erwarteten Sie Zustimmung.

SEIDENSCHNUR. Vielleicht nicht unbedingt. Ihre Art jedoch ...

KRULL *lachend*. Ablehnung ist Ablehnung.

SEIDENSCHNUR. Ich pfeife darauf.

KRULL *zieht den Paletot an, setzt den Hut auf*.

SEIDENSCHNUR *hart an ihn heran*. Hören Sie, ich pfeife auf Ihre Meinung, verstehen Sie?

KRULL. Ja. Nur so ist Entwicklung möglich. Ich bin auf Weiteres gespannt. Guten Abend. *Er geht.*

SEIDENSCHNUR *haut auf den Tisch*. Das ist viehisch, das war noch nicht da!

Zweiter Auftritt

Fanny tritt auf.

SEIDENSCHNUR. Was es gibt? Die Weltgeschichte kennt den Abgrund von Gemeinheit nicht. In eine Räuberhöhle bin ich geraten, liege in Ketten, Fesseln geschunden. Luft uff!

FANNY. Habe ich zu viel gesagt?

SEIDENSCHNUR. Himmelherrgott – was macht man aber da?

FANNY. Mit vereinten Kräften reinen Tisch. Hast du mich in drei Wochen nicht vergessen, nicht hintergangen?

SEIDENSCHNUR. Keusch blieb ich wie Josef.

FANNY. Deine Frau ist schwanger.

SEIDENSCHNUR. Ja, denke dir.

FANNY. Paris? Das blonde Zimmermädchen im Hotel Artois?

SEIDENSCHNUR. Mit manch anderm Lydias wegen erfunden, um ihr von Anfang an keine Illusion zu lassen.

FANNY. Worte, Schwüre überzeugten mich nicht. Was?

SEIDENSCHNUR. Natur. *Er will sie umarmen.*

FANNY. Vorsicht. Man sieht hier.

SEIDENSCHNUR. Ich brenne. Aus meinem Blut soll Überzeugung in dich fahren.

FANNY. Süße Männerraserei, der ich für mein irdisches Dasein unterliege. Schläft alles, erwartet dich uferlose Sehnsucht.

SEIDENSCHNUR. Ich komme; vorher aber rechne ich mit ihm ab.

FANNY. Es gilt ein für alle Mal unsere Stellung im Haus. An die Wand werden wir gedrückt. Erdrosselt. Zeige deinen eisernen Willen.

SEIDENSCHNUR. Dieser Oberlehrer ist ein größenwahnsinniger Schuft.

FANNY. Die Kassette hat ihn aus Rand und Band gebracht.

SEIDENSCHNUR. Und wenn Krösus' Reichtümer darin sind – ich liebe weiter seine Frau; der Narr, gehörnte Trottel. Nicht er, ich lache ihn aus. Und werde Maler trotz ihm. Sollen solcher Banausen wegen bedeutende Anlagen verkümmern? Vor den Meisterwerken der Renaissance platzte ich wie eine reife Frucht. Aus tiefem Schacht brachen gewaltige Möglichkeiten zu Kunstwerken herauf.

FANNY. Und ich bin deine Muse, dein Modell!

SEIDENSCHNUR. Eine Löwentatze zeige ich diesen Spießbürgern. In mir schlummern kolossalische Probleme. Keine Diskurse mit ihm, einfach ein paar markige Unumstößlichkeiten in seine Grimasse.

FANNY. Wenn er von seinem Schoppen kommt; noch heute Abend.

SEIDENSCHNUR. An der Schwelle. Ich bringe Lydia hinauf; erscheine sofort wieder.

FANNY. Und der Sieger findet eine von ihm Berauschte, Glückselige wach. Weißt du noch, wie ich aussehe?

SEIDENSCHNUR. Der Leberfleck an gewissem Ort. Rasend macht er mich. Du himmlische Schnute.

FANNY. Wuchtig ihm unter die Nase.

SEIDENSCHNUR. Er soll's spüren.

Dritter Auftritt

LYDIA *tritt auf, gähnt.* Gehen wir hinauf, Schatz?

FANNY. Vor Müdigkeit bist du drinnen eingeschlafen.

LYDIA. Meine Migräne wird wiederkommen. Wie glücklich ich bin, im eigenen Haus zu sein! Man hat seine Ruhe, kommt Alfons spät heim. In den Hotels waren uns zwei Schlafzimmer zu teuer. Und welche Überraschung für mich: Emma, die mich kennt, Bescheid weiß, in unserem Dienst.

SEIDENSCHNUR. Nimm dich nur recht in Acht, pflege dich.

LYDIA *zu Fanny.* Er hat viel Mühe mit mir. Nie hätte ich gedacht, ich bin so anfällig.

FANNY. Alfons muss Stellung gegen Tante Treu nehmen. Sie will ihn mit Vaters Hilfe in seiner Freiheit beschränken.

LYDIA. Ach diese Tante! Mutter warnte uns stets vor ihr. Auf mich könnt ihr unbedingt zählen; im Kampf gegen sie stehe ich mit euch Schulter an Schulter.

SEIDENSCHNUR. Bravo!

LYDIA. Bliebe nur meine Migräne fort.

FANNY. Vielleicht bekommt dir die Ehe nicht.

LYDIA. Das meinte der Arzt in Paris gerade nicht. Nur solle man Maß halten. Gute Nacht. *Sie geht mit Seidenschnur.*

FANNY. Hoffentlich kommt Heinrich früh genug wieder.

Vierter Auftritt

ELSBETH *tritt auf.* Zufällig erfahre ich, man bekommt die Mandel Eier in der Rossstrasse für fünfundneunzig Pfennig.

FANNY. Nehmen wir sie lieber weiter für eine Mark zehn von Rohlfing. Sie sind besser.

ELSBETH. Findest du den Kaffee nicht geringer geworden?

FANNY. Nein. Sonst?

ELSBETH. Hätten wir nichts weiter miteinander zu besprechen? Vor fünfundzwanzig Jahren, Fanny ...

FANNY. Das liegt weit zurück. Vergangenheit hat wenig Wert.

ELSBETH. Außerordentlich wahr. Nur was jede noch zu leben hat ...
FANNY. Gilt.
ELSBETH. Richtig. – Eier, Kaffee, es bleibt beim Alten ...
FANNY. Keine Änderung, solange es irgend geht.
ELSBETH. Ein Ei ist überall mal faul.
FANNY. Versteht sich. Man nimmt ein anderes. Gute Nacht. *Sie geht.*
ELSBETH. Wie sich das junge Volk entwickelt. *Sie geht in ihr Zimmer.*

Fünfter Auftritt

Nach einem Augenblick treten Krull und Seidenschnur auf.

KRULL. Als ich das Haustor aufschloss, war ich gefasst, Sie hinter einem Pfeiler aus der Kellerschlucht jählings aufschießen zu sehen.
SEIDENSCHNUR. Ich bitte, weniger von der Heftigkeit meiner Gesten als der eindringlichen Gewalt innerer Überzeugung zu erwarten.
KRULL. Sie nahmen, da Sie mich sahen, drei, vier Stufen auf einmal und stellten mich zwischen Tür und Angel.
SEIDENSCHNUR. Kurz und gut, wir beginnen unsere Auseinandersetzungen, wo wir sie abbrachen.
KRULL. Sie pfeifen auf meine Meinung?
SEIDENSCHNUR. Unbedingt.
KRULL. Famos. Erledigt. Gute Nacht.
SEIDENSCHNUR. Diesen Unteroffizierston aus Ihren Klassenzimmern verbitte ich mir strikte.

Er geht auf Krull zu. Krull retiriert.

SEIDENSCHNUR. Geltung meiner Ansichten fordere ich, sonst sollen tausend Teufel dreinfahren. Zu allem Anfang sage ich Ihnen, ich bin ein jähzorniger, brutaler Mensch.
KRULL *steht hinter dem Tisch.* Haben Sie einen Revolver bei sich?
SEIDENSCHNUR. Auch ohne Waffe werde ich meine Absichten bis ins Tittel deutlich machen. Wie ich Ihnen schon mitteilte: Ich werde Maler!
KRULL. Als Zwanzigjähriger schrieb ich geharnischte Schauspiele. Mucius Scävola liegt im Schreibtisch.

SEIDENSCHNUR. Ich bin nicht zwanzig Jahre alt, sage das nicht aufgrund eines beliebigen Unsinns, den ich sudelte, aber aus Offenbarungen heraus, die mir vor den Werken des göttlichen Michelangelo wurden. Das gesamte Cinquecento ...

KRULL. Seicento. Fünfzehnhundertsoundsoviel. Man sagt Seicento.

SEIDENSCHNUR. Was an der Sache nichts ändert. Mir sind die Augen über mich aufgegangen. Was sagen Sie dazu? *Er hat ein kleines Gemälde gegen eine Stuhllehne gestellt.*

KRULL. Spargel.

SEIDENSCHNUR. Treten Sie ein wenig fort. Das linke Auge zudrücken, den Kopf zurück. *Er stellt an ihm.* Nun?

KRULL. Spargel.

SEIDENSCHNUR. He?

KRULL. Es bleibt dabei. Aber ich öffne das linke Auge wieder, sehe besser mit beiden.

SEIDENSCHNUR. He?

KRULL. Warum nur Spargel? Ich meinte, Sie würden mir eine Kreuzigung, zum Mindesten ein Gastmahl des Plato anbieten.

SEIDENSCHNUR. Man malt keine Literatur mehr, hält sich streng an die Natur.

KRULL. Wenn aber schon Natur, Mann, wüsste ich mir Besseres. Wo hatten Sie im September Spargel her?

SEIDENSCHNUR. Ich malte sie aus dem Kopfe.

KRULL. So? Sie waren von allem Anfang an nicht zu essen, diese Spargel aus Farbe? Wäre das! Könnten Sie sich Mittag und Abendbrot hermalen ...

SEIDENSCHNUR. Gebe ich die Fotografie auch auf, in kürzester Zeit bin ich imstande, meine Familie zu ernähren.

KRULL. Bis dahin keine Kopeke von mir.

SEIDENSCHNUR. Herr, Sie wollen eine Todsünde begehen, ein gottbegnadetes Talent erwürgen. Haben Sie aus Ihrem Wust krauser Gelehrsamkeit nicht soviel echte Bildung gesogen, um die Dornenwege berühmter Künstler zu kennen? Soll durch Sie wiederum ein anderer leiden? Herr, ich schwöre Ihnen ... Sie bringen mich aus der Fassung, Herr, ich kenne mich nicht mehr! *Er dringt auf ihn ein.*

KRULL *retiriert.* Keine Kopeke.

SEIDENSCHNUR *ihm nach.* Geld!

KRULL *retiriert.* Nicht einen Peseta.

SEIDENSCHNUR *ihm nach, schreit.* Zuschuss!

KRULL *setzt über den Schreibtisch.* Nicht den Sou!

> *Elsbeth und Fanny öffnen ihre Türen und sehen auf die*
> *Streitenden.*

SEIDENSCHNUR *den flüchtenden Krull jagend.* Den Menschen schlage ich nieder! *Er nimmt ein Buch und wirft es Krull nach. Plötzlich läuft er gegen den Stuhl, auf dem das Bild lehnt und stürzt, Stuhl und Bild mit sich reißend, zu Boden.*

KRULL *steht in einiger Entfernung.* Großartig!

> *Elsbeth und Fanny sind verschwunden.*

SEIDENSCHNUR *aufschreiend.* Mein Knie!

KRULL. Ha!

SEIDENSCHNUR. Ich habe mich verletzt, helfen Sie mir auf!

KRULL. Versuchen Sie selbst

SEIDENSCHNUR. Es geht nicht.

KRULL. Keine Finte?

SEIDENSCHNUR. Zum Teufel nein!

KRULL. Tun Sie mir aber doch etwas ...

SEIDENSCHNUR. Machen Sie keine Umstände.

KRULL. Es gilt jetzt nicht!

SEIDENSCHNUR. Ich schwöre, bin schwach wie ein Kind.

KRULL *nähert sich und beugt sich zu ihm hinab.* Wahrscheinlich die Kniescheibe zerschlagen.

SEIDENSCHNUR. Das wäre ein Spaß!

KRULL. Sie springen ungeschickt. Nehmen Sie die Beine höher.

SEIDENSCHNUR. Das blödsinnige Bild stand im Wege.

KRULL. Am Ende ein komplizierter Schenkelbruch.

SEIDENSCHNUR. Ich kann das Bein strecken.

KRULL. Wahrhaftig?

SEIDENSCHNUR. Auch biegen. Die Geschichte scheint so schlimm nicht zu sein.

KRULL. Anfangs dachte ich, ein epileptischer Anfall. Haben Sie Neigung dazu?

SEIDENSCHNUR. Nein.

KRULL. Sie hatten Schaum auf den Lippen.

SEIDENSCHNUR. Vor Wut.

KRULL. Immerhin könnte im höchsten Affekt ...

SEIDENSCHNUR. Niemals. Dazu muss man veranlagt sein. Lassen Sie mich einen Augenblick sitzen. Es geht vorbei.

KRULL *führt den Hinkenden zu einem Sessel.* Seien wir leise. Es ist Nacht. Die Frauen schlafen. *Er setzt sich entfernt von Seidenschnur an den Schreibtisch und zieht die Kassette heraus.*

SEIDENSCHNUR. Hallo!

KRULL. Bitte?

SEIDENSCHNUR. Das ist ja die berühmte Kassette.

KRULL. Richtig, das ist sie nun.

SEIDENSCHNUR. Kalte Umschläge werde ich machen müssen. Man hat allerhand von ihr gehört. Ihr Inhalt soll bedeutender sein, als man in kühnsten Träumen annahm.

KRULL. Nun, nun. Was reicht schließlich an den Traum.

SEIDENSCHNUR. Immerhin ...

KRULL. Ja, sagen wir: immerhin.

SEIDENSCHNUR. Der Kniemuskel funktioniert wieder.

KRULL *tritt mit der Kassette dicht an ihn heran.* Eigentümlich die Intarsie auf dem Deckel.

SEIDENSCHNUR. Eine andere wuchtigere Kassette als die schwarzen Pappschachteln, mit denen ich hantiere. Ein Sinnbild hergebrachten Bürgerwohlstands.

KRULL. Bürgerwohlstand. Ahnen Sie, Seidenschnur, wie köstlich so etwas ist?

SEIDENSCHNUR. Versteht sich. Stammt man aus kleinen Verhältnissen.

KRULL. Sie auch?

SEIDENSCHNUR. Vaters Tagesverdienst reichte gerade hin, fünf hungrige Mäuler zu stopfen.

KRULL. Wurde er krank, man wusste nicht, wovon leben. Diese Kassette aber ...

SEIDENSCHNUR. Wie an einen Ofen lehnt man gegen sie. Draußen friert's Kieselsteine, wir sitzen in der Wolle.

KRULL. Sie mit Ihren Künstlerinstinkten!

SEIDENSCHNUR. Hören Sie, auch Künstler können tüchtig zum Verdienen kommen.

KRULL. Ihr Atelier bringt rund fünftausend Mark jährlich?

SEIDENSCHNUR. Über sechstausend.

KRULL. Hut ab.

SEIDENSCHNUR. Aber doch ein gewaltiger Unterschied zwischen saurem Erwerb und Kapitalrenten.

KRULL. Da reicht kein Wort, Freund.

SEIDENSCHNUR. **Sie** haben, besitzen.

KRULL. Nur bayerische Staatsanleihen wegen der Zinsgarantien in Forstbeständen.

SEIDENSCHNUR. Gerade das müssen Sie mir von Grund auf auseinandersetzen. Mir ging es nachts immer wieder durch den Kopf. Rückte mir mein Vaterland näher. Wer hätte das von Bayern gedacht.

KRULL. Wie Sie so etwas interessiert!

SEIDENSCHNUR. Fabelhaft! Vor den Auslagen der Bankiers, verstehen Sie. Noch nicht zwölf Jahre war ich; Augen, sage ich Ihnen, wie Teetassen. Junge, sagte meine Mutter, Gold ist nichts. Papiere gelten. Da las ich: Reichsanleihe, Eisenbahnpriorität. Mir lief eine Welle im Rücken wie sonst nur vor Raubtierkäfigen. Ich war von Schauern förmlich geschüttelt.

KRULL. Schließen Sie auf!

SEIDENSCHNUR *öffnet die Kassette.* O Gott ... lieber Schwiegervater ... das in der Tat ...

KRULL. Nun, Junge?

SEIDENSCHNUR. Ja, ja ... o mein Gott ... ja ...

KRULL. Tränen im Auge!

SEIDENSCHNUR. Meine armselige Jugend ... Vaters Gram ... Gerichtsvollzieher ... was Mutter duldete.

KRULL. He Jungchen ... he!

SEIDENSCHNUR. Wie der Geist sich weitet, Welt Gestalt bekommt.

KRULL. He! He! He!

SEIDENSCHNUR. Zum Arme ausbreiten, in die Luft zu bellen.

KRULL. He?!

SEIDENSCHNUR *halb weinend.* Recht hast du. Tausendmal recht! Tausendmal.

*Krull nimmt ihm die Kassette ab und geht auf sein
Schlafzimmer zu.*

SEIDENSCHNUR. Gestattest du, wäre ich so frei, dir beim Niederlegen
Gesellschaft zu leisten. Du erklärst, vertiefst meine Einsicht in diese
Dinge; mit Bewunderung sah ich, du hast dich in die Materie ver-
senkt.

KRULL. Ich habe, das darf ich wohl sagen, Anläufe genommen, ins
Wesentliche einzudringen. Doch trennt mich noch manch tiefer
Graben vom Ziel.

SEIDENSCHNUR. Durch deine Güte vorbereitet, werde ich vielleicht
imstande sein, irgendwie dienen zu können.

KRULL *an der Tür.* Bitte!

SEIDENSCHNUR. Nach dir, nach dir, versteht sich. Wie dürfte ich
mir erlauben ...

*Er geht hinter Krull in das Schlafzimmer ein. Die Tür schließt
sich hinter beiden. Man hört aus einer Rede Krulls heraus
noch folgende Worte.*

Durch Aufforstung ... Ameliorisation ... Amortisierung ...
Welthandel.

*Währenddessen öffnet Fanny ihre Tür und schließt sie wieder,
öffnet und schließt sie wieder. Endlich kommt Seidenschnur.
In der Tür nimmt er mit tiefer Verbeugung Krulls
herausgereichte Hand.*

KRULL. Lass das in unser ferneres Ermessen gestellt sein. Die Entschließungen werden alsbald mitgeteilt.

SEIDENSCHNUR. Indessen ergebensten Dank und noch einmal:
Nichts für ungut.

KRULL. Sunt pueri pueri. *Er schließt die Tür.*

SEIDENSCHNUR *allein auf der Szene.* Pupillarische Sicherheit. Unbe-
grenzte Möglichkeiten. Herrgott im Himmel!

*Er verlässt das Zimmer.
Fanny sieht gleich darauf aus ihrer Tür und schließt sie
wieder.*

Karl-Maria Guth (Hg.)

Erzählungen der Frühromantik

HOFENBERG

Karl-Maria Guth (Hg.)

Erzählungen der Hochromantik

HOFENBERG

Karl-Maria Guth (Hg.)

Erzählungen der Spätromantik

HOFENBERG

Erzählungen der Frühromantik

1799 schreibt Novalis seinen Heinrich von Ofterdingen und schafft mit der blauen Blume, nach der der Jüngling sich sehnt, das Symbol einer der wirkungsmächtigsten Epochen unseres Kulturkreises. Ricarda Huch wird dazu viel später bemerken: »Die blaue Blume ist aber das, was jeder sucht, ohne es selbst zu wissen, nenne man es nun Gott, Ewigkeit oder Liebe.«

Tieck Peter Lebrecht **Günderrode** Geschichte eines Braminen **Novalis** Heinrich von Ofterdingen **Schlegel** Lucinde **Jean Paul** Des Luftschiffers Giannozzo Seebuch **Novalis** Die Lehrlinge zu Sais
ISBN 978-3-8430-1878-4, 416 Seiten, 29,80 €

Erzählungen der Hochromantik

Zwischen 1804 und 1815 ist Heidelberg das intellektuelle Zentrum einer Bewegung, die sich von dort aus in der Welt verbreitet. Individuelles Erleben von Idylle und Harmonie, die Innerlichkeit der Seele sind die zentralen Themen der Hochromantik als Gegenbewegung zur von der Antike inspirierten Klassik und der vernunftgetriebenen Aufklärung.

Chamisso Adelberts Fabel **Jean Paul** Des Feldpredigers Schmelzle Reise nach Flätz **Brentano** Aus der Chronika eines fahrenden Schülers **Motte Fouqué** Undine **Arnim** Isabella von Ägypten **Chamisso** Peter Schlemihls wundersame Geschichte **Hoffmann** Der Sandmann **Hoffmann** Der goldne Topf
ISBN 978-3-8430-1879-1, 408 Seiten, 29,80 €

Erzählungen der Spätromantik

Im nach dem Wiener Kongress neugeordneten Europa entsteht seit 1815 große Literatur der Sehnsucht und der Melancholie. Die Schattenseiten der menschlichen Seele, Leidenschaft und die Hinwendung zum Religiösen sind die Themen der Spätromantik.

Brentano Die drei Nüsse **Brentano** Geschichte vom braven Kasperl und dem schönen Annerl **Hoffmann** Das steinerne Herz **Eichendorff** Das Marmorbild **Arnim** Die Majoratsherren **Hoffmann** Das Fräulein von Scuderi **Tieck** Die Gemälde **Hauff** Phantasien im Bremer Ratskeller **Hauff** Jud Süss **Eichendorff** Viel Lärmen um Nichts **Eichendorff** Die Glücksritter
ISBN 978-3-8430-1880-7, 440 Seiten, 29,80 €

Dekadente Erzählungen

Im kulturellen Verfall des Fin de siècle wendet sich die Dekadenz ab von der Natur und dem realen Leben, hin zu raffinierten ästhetischen Empfindungen zwischen ausschweifender Lebenslust und fatalem Überdruss. Gegen Moral und Bürgertum frönt sie mit überfeinen Sinnen einem subtilen Schönheitskult, der die Kunst nichts anderem als ihr selbst verpflichtet sieht.

Rainer Maria Rilke Die Aufzeichnungen des Malte Laurids Brigge **Joris-Karl Huysmans** Gegen den Strich **Hermann Bahr** Die gute Schule **Hugo von Hofmannsthal** Das Märchen der 672. Nacht **Rainer Maria Rilke** Die Weise von Liebe und Tod des Cornets Christoph Rilke

ISBN 978-3-8430-1881-4, 412 Seiten, 29,80 €

Erzählungen aus dem Sturm und Drang

Zwischen 1765 und 1785 geht ein Ruck durch die deutsche Literatur. Sehr junge Autoren lehnen sich auf gegen den belehrenden Charakter der - die damalige Geisteskultur beherrschenden - Aufklärung. Mit Fantasie und Gemütskraft stürmen und drängen sie gegen die Moralvorstellungen des Feudalsystems, setzen Gefühl vor Verstand und fordern die Selbstständigkeit des Originalgenies.

Jakob Michael Reinhold Lenz Zerbin oder Die neuere Philosophie **Johann Karl Wezel** Silvans Bibliothek oder die gelehrten Abenteuer **Karl Philipp Moritz** Andreas Hartknopf. Eine Allegorie **Friedrich Schiller** Der Geisterseher **Johann Wolfgang Goethe** Die Leiden des jungen Werther **Friedrich Maximilian Klinger** Fausts Leben, Taten und Höllenfahrt

ISBN 978-3-8430-1882-1, 476 Seiten, 29,80 €

Erzählungen aus dem Sturm und Drang II

Johann Karl Wezel Kakerlak oder die Geschichte eines Rosenkreuzers **Gottfried August Bürger** Münchhausen **Friedrich Schiller** Der Verbrecher aus verlorener Ehre **Karl Philipp Moritz** Andreas Hartknopfs Predigerjahre **Jakob Michael Reinhold Lenz** Der Waldbruder **Friedrich Maximilian Klinger** Geschichte eines Teutschen der neusten Zeit

ISBN 978-3-8430-1883-8, 436 Seiten, 29,80 €